Masculinidades en movimiento

SUSAN PAULSON

Masculinidades en movimiento

Transformación territorial y sistemas de género

teseo

Paulson, Susan
Masculinidades en movimiento : transformación territorial
y sistemas de género . - 1a ed. - Buenos Aires : Teseo, 2013.
252 p. ; 20x13 cm.
ISBN 978-987-1867-69-1
1. Estudios de Género. I. Título
CDD 306

teseo

© Editorial Teseo, 2013

Buenos Aires, Argentina

ISBN 978-987-1867-69-1

Editorial Teseo

Hecho el depósito que previene la ley 11.723

Para sugerencias o comentarios acerca del contenido de esta obra,
escríbanos a: **info@editorialteseo.com**

www.editorialteseo.com

ÍNDICE

AGRADECIMIENTOS

El presente libro se nutre de las ideas y de las vidas de incontables personas que han contribuido a lo largo de un viaje de aprendizaje que inicié hace décadas con la investigación doctoral "Género y etnicidad en movimiento: identidad e integración en los hogares andinos". Quiero manifestar mi agradecimiento a unas pocas personas que han contribuido al desarrollo de este libro, porque agradecer a todas es imposible.

En primer lugar, agradezco a los diversos actores rurales con quienes sigo aprendiendo en diferentes contextos de América Latina. Asimismo, agradezco la contribución de los coautores de tres de los nueve capítulos, y de los otros colegas cuya colaboración en secciones específicas se reconoce en cada capítulo.

La oportunidad de participar y aprender durante varios años en el estudio comparativo sobre dinámicas territoriales rurales coordinado por Rimisp (Centro Latinoamericano para el Desarrollo Rural) ha sido posible debido al esfuerzo hercúleo de Julio A. Berdegué y Félix Modrego, faros intelectuales y facilitadores inigualables de la investigación colaborativa. Julio y Félix han demostrado su extraordinaria perseverancia cuando han insistido, una y otra vez, en preguntar qué papel desempeña el género en cada fenómeno estudiado.

Decenas de investigadores han contribuido al desarrollo de las ideas expresadas en este libro mediante conversaciones, correos y reuniones realizadas en siete países. El texto cita y dialoga con documentos escritos por los siguientes investigadores e investigadoras relacionados al Rimisp: Francisco Aguirre; Diego Andrade; Javier Becerril; Anthony Bebbington; Teresa Bornschlegl; Edgard Castillo; Sinda Castro; Manuel Chiriboga; Carina Emanuelsson; Javier Escobal; Ivett Estrada; Alejandra España; Arilson Favareto; Ignacia Fernández; Maritza Florian; María Frausto; Ligia Gómez; Ileana Gómez; Patric Hollenstein; Carlos Larrea; Ana Isabel Larrea; José Poma Loja; Julie Claire Macé; Jimena Méndez; Pablo Ospina; Leticia Paredes Guerrero; Ana Victoria Peláez; Bruno Portillo; Eduardo Ramírez; Claudia Ranaboldo; Helle Munk Ravnborg; Lorena Rodríguez; Tomás Rodríguez; Wilson Romero Alvarado; Valeria Serrano; Alejandro Schejtman; Yolanda Solana; Carolina Trivelli; Rafael Vaisman; Rodrigo Yáñez y Antonio Yúnez Naude. Algunas de las investigaciones en que se basa este libro han recibido el apoyo del IDRC (International Development Research Centre) de Canadá a través del Programa Dinámicas Territoriales Rurales coordinado por Rimisp. Las opiniones vertidas en el libro no son necesariamente compartidas por IDRC o por Rimisp, tampoco por los autores cuyo trabajo es citado.

Agradezco el compromiso de diez alumnos de maestría de la Universidad de Lund, provenientes de ocho países, quienes realizaron sus investigaciones de tesis sobre género y cambio territorial: Teresa Bornschlegl, Flavia Cárdenas, Carina Emanuelsson, Maritza Florian, Florencia Fernández, Jenica Frisque, Laramie Lizarralde, Karin Mårtensson, Bruno Portillo y Rafael Vaisman. Las innumerables discusiones y revisiones de sus trabajos me permitieron tomar conciencia de las diversas cuestiones y los diferentes lentes que utilizamos para ver e interpretar los fenómenos explorados en este libro, y me ayudaron a clarificar el aparato conceptual aplicado.

La geógrafa María Andrea Nardi hizo contribuciones valiosas a lo largo del libro, tanto en la investigación de la literatura teórica y comparativa como en sus esfuerzos para conectarla con los hallazgos de los estudios territoriales. Fuente de motivación ha sido el trabajo de Deborah Caro, Deborah Rubin y Cristina Manfre, puesto que tratan de crear acercamientos antropológicos que fortalezcan los esfuerzos prácticos y políticos orientados a mejorar las condiciones de género. Quiero relevar el enriquecedor diálogo teórico y crítico con Pablo Ospina y Patric Hollenstein, diálogo que se mantuvo desde mis primeros esfuerzos, a principios del año 2010, para forjar un marco conceptual y metodológico que potenciara la sinergia entre el enfoque de género y el estudio comparativo sobre dinámicas territoriales hasta los últimos borradores del manuscrito al final de 2012.

Escribir este libro no hubiera sido posible sin el interés y el ánimo, así como el apoyo financiero, que me han dado los miembros del Instituto de Estudios Avanzados Pufendorf de la Universidad de Lund, donde tuve el placer de servir como investigadora residente durante el año que he dedicado a escribirlo, y donde disfruté cotidianamente del diálogo intelectual y humano con Sture Forsen, Eva Persson, Bengt Pettersson y Sune Sunesson.

Gracias a María Cuvi Sánchez por su apoyo excepcional a nivel editorial y conceptual. Ella no solo se encargó de hacer magia con las palabras; también realizó una lectura aguda y crítica de mi posición teórica y de sus implicaciones políticas. La contribución de María se expresa en cada frase de cada uno de cinco borradores de este libro, los cuales se fueron transformando, uno tras otro, gracias a su empuje.

Mi agradecimiento mayor es para Mark Higgins, el más agudo observador etnográfico que he conocido.

INTRODUCCIÓN

A partir de un marco teórico inédito y del análisis de
los procesos territoriales enmarcados por las tendencias
nacionales y regionales latinoamericanas, este libro ilumina
las relaciones entre los sistemas de género y los cambios
acontecidos en los espacios rurales de América Latina
desde hace 25 años. Asimismo, lanza una nueva conceptualización de género como un sistema sociocultural que
estructura e impregna de significado y poder a las prácticas
y las relaciones humanas, y que influye en el desarrollo
institucional, así como en el crecimiento, distribución y
uso de diferentes tipos de capitales, todo con referencia
simbólica al sexo y la sexualidad.

Los principales objetivos de este libro son, por un
lado, desarrollar una perspectiva teórica y metodológica
diferente a las predominantes en los estudios rurales y en
los estudios sobre género y, por el otro, revelar aspectos
aún desconocidos de los cambios en curso. La investigación interdisciplinaria realizada nos permite presentar
este nuevo marco analítico a través de ejemplos concretos
de los procesos socioeconómicos, políticos y ambientales
que vienen ocurriendo en diferentes partes de América
Latina. Nuestras preguntas son las siguientes: ¿de qué
forma la organización y el significado del género influyen
en las dinámicas territoriales? ¿Cuáles son los efectos de
estas dinámicas en términos de género?

Asimismo nos cuestionamos acerca del trabajo intelectual en el que estamos participando. ¿Cómo los supuestos de género implícitos en los conceptos y métodos de estudio limitan o distorsionan la comprensión de las dinámicas territoriales? ¿Qué categorías e instrumentos de investigación podrían ser más útiles para alcanzar los objetivos que nos planteamos?

Por último, buscamos una comprensión más completa de los procesos rurales con el fin de contribuir al diseño de políticas y programas que apoyen aquellos procesos de cambio más equitativos y más sostenibles.

Los tres primeros capítulos presentan el acercamiento teórico y el contexto histórico y geográfico que estructuran el libro. En el primer capítulo documentamos y comentamos una serie de tendencias notables en América Latina desde la década de 1980. Ellas incluyen el aumento de la inversión extranjera directa y una mayor integración en los mercados globales; la incorporación, a gran escala, de mujeres en la economía remunerada; la continua presencia dominante de los hombres en la representación y decisión política; las tasas extremadamente altas de accidentes y homicidios entre los hombres; la masculinización demográfica de muchos territorios rurales y la feminización de zonas urbanas; una distribución de los recursos económicos que favorece a los hombres; y un acceso a la educación secundaria y universitaria que favorece, cada vez más, a las mujeres. Intentamos promover un mayor interés en los cambios radicales que afectan a los hombres en formas distintas que a las mujeres y a los roles que juegan las normas y expectativas masculinas en el cambio social.

En el segundo capítulo consideramos las evidencias de dos países, no tan alejados geográficamente el uno del otro, que manifiestan diferentes respuestas a las tendencias presentadas en el capítulo anterior. En el siglo XXI, la condición relativa de las mujeres ha mejorada mucho en

Nicaragua y no así en México. En nuestro análisis conectamos determinados procesos nacionales con los resultados seleccionados de estudios territoriales. Identificamos diferentes tipos de coaliciones formadas por hombres: en varias partes de Nicaragua, grupos de hombres trabajan para construir sistemas de género más positivos para todos; en un territorio de México, una coalición masculina funciona para canalizar solo a los hombres los beneficios de la nueva legislación nacional para el Desarrollo Rural Sustentable. Los dos procesos están marcados por la movilización de ciertos discursos y visiones de género: las coaliciones en Nicaragua llaman explícitamente a la construcción de nuevas identidades masculinas y de relaciones más equitativas entre hombres y mujeres, así como entre unos hombres y otros; los líderes en la política municipal en México recurren a antiguas normas de género en los discursos y las prácticas que efectivamente excluyen a las mujeres de los nuevos recursos y oportunidades y conquistan la solidaridad de los hombres menos poderosos.

La perspectiva teórica, desplegada en el tercer capítulo y aplicada a lo largo del libro, difiere de la que predomina en la mayoría de los estudios centrados en los temas de género. En lugar de priorizar a las mujeres, consideramos a todos los grupos de género brindando una atención explícita a las condiciones de los hombres. En lugar de concentrarnos en las actividades y recursos de hombres y mujeres, individualmente, consideramos cómo estos y otros factores de género interactúan y se desenvuelven en los procesos históricos y geográficos a escala territorial. Los procesos territoriales analizados incluyen la rápida expansión de la agroindustria de tomates en un territorio y de la industria del salmón en otro; la amplia adopción de variedades comerciales de maíz por parte de los pequeños productores en un territorio y de café certificado en otros dos. También analizamos los cambios en los mercados, la tenencia de la tierra, la infraestructura y la gobernanza ambiental, junto con la implementación de políticas nacionales. No nos limitamos a rastrear los efectos unidireccionales de estos procesos históricos sobre las vidas de mujeres y hombres, ya que en este libro ponemos igual atención en cómo los sistemas de género condicionan, restringen o facilitan cada proceso histórico, a través de su influencia en la forma que toman estos procesos y en los impactos que provocan.

Antes de resumir los ensayos analíticos que componen los restantes seis capítulos del libro, nos detenemos a pensar en los procesos de producción intelectual detrás del análisis. Fundamental aquí es el diálogo entre el trabajo de un gran número de investigadores de campo (los relacionados con Rimisp y los de otros programas de investigación) y el trabajo más solitario de interpretar e interconectar elementos seleccionados de estos estudios y de redactar el texto.

Los procesos de investigación colaborativa y la interpretación de los resultados

El enfoque del libro se desarrolló en medio de las sinergias y tensiones entre las teorías contemporáneas, tanto las de género como las de masculinidades, y el Programa Dinámicas Territoriales Rurales (DTR) llevado adelante en 11 países. Este Programa busca nuevas respuestas a un fenómeno inquietante que se presentó durante las décadas de 1980 y 1990: la infrecuencia con la que el crecimiento del producto interno bruto (PIB) ha correspondido con una distribución más equitativa del ingreso, con una reducción de la pobreza o con una gestión ambiental sostenible. Rimisp coordinó una red integrada por decenas de investigadores e investigadoras que trabajan en centros de estudio y universidades de las Américas y de Europa. Entre

2006 y 2012, ellos y ellas colaboraron para reunir evidencias empíricas y desarrollar una propuesta teórica junto con recomendaciones de políticas orientadas a apoyar aquellas dinámicas rurales que podrían conducir a un crecimiento económico más inclusivo y equitativo y una gestión más sostenible del ambiente.

El Programa DTR busca combinar una perspectiva diacrónica con una comparativa: censos, encuestas y otras series periódicas fueron utilizados para documentar los cambios de los últimos 25 años en 20 territorios rurales. Los equipos interdisciplinarios de investigación aplicaron métodos cuantitativos y cualitativos para iluminar fenómenos económicos, socioculturales y ambientales en cada territorio. Trabajando en etapas durante cinco años, cada equipo produjo una serie de informes y artículos, quince de los cuales son compilados por Julio Berdegué y Félix Modrego Benito (2012) en el libro *De Yucatán a Chiloé. Dinámicas territoriales en América Latina*. Basados en espacios sociogeográficos particulares, los estudios prestan atención a las dinámicas espaciales que allí están sucediendo y así contribuyen al conocimiento de los procesos territoriales. Lo que falta en los resultados de los estudios territoriales es la desagregación por género en los datos cuantitativos, la especificidad de género en la información cualitativa y la consideración de género en el análisis.

Para responder a este vacío, los estudios territoriales fueron complementados con seis estudios adicionales con enfoque de género desarrollados por equipos de investigación conformados por hombres y mujeres que viven en los países donde se realizó la respectiva investigación, por estudiantes de posgrado de la Universidad de Lund y por Susan Paulson. Guiados por un marco conceptual y metodológico compartido (Paulson y Equipo Lund 2011) se aplicó, en todos estos estudios, una selección de métodos de investigación diseñados para generar datos más objetivos y específicos con respecto al género. Cada equipo, mediante la aplicación de un conjunto único de instrumentos de investigación para abordar temas específicamente relevantes en el territorio estudiado, ha contribuido a configurar un proyecto intelectual en el cual los estudios se complementan de manera mutua.

Los investigadores y las investigadoras nos reunimos, periódicamente, para presentar y discutir nuestros estudios y para formalizar las lecciones aprendidas a través del contraste y la comparación. La oportunidad que tuvimos de presentar y discutir las investigaciones en una decena de reuniones internacionales ha fortalecido nuestro trabajo, ya que nos ha permitido explicitar mejor el análisis con enfoque sistémico de género, así como beneficiarnos con los análisis del cambio rural realizados sin considerar el género, o conceptualizándolo de maneras muy diferentes a las que proponemos en este libro.

El texto

El trabajo original sobre el que se sostiene el presente libro tuvo dos aspectos. El primero fue el de integrar la información y el análisis desarrollado en las largas y profundas investigaciones territoriales con los resultados de los breves estudios de género. Con este esfuerzo esperamos motivar a que las futuras investigaciones y programas, desde el inicio, comiencen con un marco analítico y un acercamiento metodológico que consideran los fenómenos y el análisis de género como partes integrales del enfoque principal, no como sus apéndices. El segundo aspecto del trabajo fue consultar otros tipos de estudios con la finalidad de ubicar los materiales territoriales dentro de los procesos nacionales y regionales y así construir un análisis a múltiples escalas.

La extraordinaria colaboración interdisciplinaria e internacional que conecta a decenas de investigadores e interlocutores en los esfuerzos que condujeron a este libro se refleja en el uso de la primera persona del plural para describir aspectos de los procesos de investigación e interpretación. A lo largo del texto presentamos y citamos materiales producidos por los equipos de investigación en los diferentes territorios y reconocemos a las personas que han contribuido en aspectos específicos.

El texto de este libro así como los posibles errores y confusiones son responsabilidad de Susan Paulson. Es principalmente ella quien desarrolló el análisis y escribió el texto mediante un diálogo entre una selección de la literatura teórica y comparativa, cinco tesis de Maestría de la Universidad de Lund y más de veinte documentos de trabajo del Programa DTR: estudios realizados sin enfoque de género, informes con enfoque de género y documentos conceptuales y de síntesis. En tres de los nueve capítulos, este proceso se realizó en colaboración con coautores: Teresa Bornschlegl, Carina Emanuelsson, Maritza Florian, Ana Victoria Peláez y Bruno Portillo. El libro no es una colección de diversos escritos, sino un tomo integral en el que se presenta una línea argumentativa que se va desplegando a partir de los tres capítulos iniciales, descritos anteriormente, y seis ensayos analíticos, resumidos a continuación.

En el cuarto capítulo del libro, escrito con Teresa Bornschlegl, un análisis de los sistemas de género en Chiloé, Chile, antes y después de una radical transformación socioeconómica ilumina las mutuas influencias que tienen las prácticas y las normas de género con la rápida expansión de la industria salmonera. Las condiciones de género vigentes antes de 1990 facilitaron el desarrollo de la industria y fueron aprovechadas por esta, a la vez que dicha industria desencadenó el desarrollo de nuevas habilidades, roles y espacios marcados y valorados según el género. A través de las ideologías esencialistas se valoran las diferentes destrezas como si fuesen "naturales", incluyendo la voluntad de los hombres para soportar el dolor y asumir el riesgo; también el trabajo meticuloso de las mujeres en la línea de montaje. Esta posición ideológica justifica la asignación, según género, de los trabajadores y las trabajadoras a tareas marcadas como "mano de obra no calificada" junto con la implementación de escalas salariales diferenciadas. Mientras la incorporación de las mujeres al mercado laboral trae nuevas oportunidades y también tensiones, una emergente jerarquización masculina concentra mayor poder económico y simbólico entre ciertos hombres profesionales, a la vez que ubica en una posición subordinada a la fuerza de trabajo masculina integrada por los hombres oriundos de Chiloé. Uno de los resultados más notables de la encuesta de hogares es la expresión de una creciente polarización entre hombres y mujeres con respecto a los conocimientos culturales y a la participación sociocultural.

Considerando que cada sociedad, mediante sus acciones e interacciones, crea su espacio y produce su territorio, en el capítulo 5 nos preguntamos cómo las prácticas de género construyen los territorios de tal manera que promuevan, o restrinjan, ciertos tipos de dinámicas económicas, políticas y ambientales. Al analizar los procesos de género en juego en la continua constitución, apropiación y significación del espacio físico y social, tres temas surgen como importantes: la feminización del mercado laboral, las masculinidades en transformación y las tensiones entre el trabajo identificado como "producción" y el designado "reproducción".

El sexto capítulo, escrito con Bruno Portillo, explora los cambios socioecológicos en torno al desarrollo de los sistemas agrícolas en dos territorios vecinos en Loja, Ecuador. En uno, la producción del maíz comercial se expandió a través del uso de semillas híbridas y agroquímicos, y en el otro resurgió la producción de café en relación con la certificación orgánica y de comercio justo. Ambos sistemas se desarrollaron a través de coaliciones que vinculan los hogares locales con las organizaciones, empresas y las comunidades epistémicas. En interacción con una creciente participación en el mercado y la adaptación de nuevas tecnologías, estas coaliciones han promovido nuevos modelos de género. El proceso del maíz ha reforzado un mayor control de los hombres sobre las principales decisiones y relaciones productivas, junto con la invisibilización de las contribuciones de las mujeres a la producción agrícola. En contraste, el del café certificado ha, en mayor grado, reconocido y remunerado las contribuciones diferenciadas de los hombres y las mujeres. Este capítulo plantea preguntas sobre las formas en que estos procesos paralelos interactúan con diferentes modelos globales de masculinidad rural: una masculinidad dura e individualista de dominación sobre la naturaleza que ganó amplia expresión en relación con la Revolución Verde en la segunda mitad del siglo XX, y otra masculinidad sensible a la naturaleza con una inclinación por el trabajo colaborativo en comunidades social y políticamente comprometidas que está ganando espacio en el siglo XXI.

El capítulo 7 motiva al lector y a la lectora a revisar críticamente aquellos métodos basados en supuestos y prácticas que limitan la capacidad de observar el género en los fenómenos estudiados. Una mirada crítica al *Gender Gap Index* (Hausmann *et al.* 2011) muestra las prácticas académicas que tornan invisibles las limitaciones de género enfrentadas por los hombres. Mientras la base de datos del estudio es grande y confiable, el marco de interpretación lleva a una lectura incompleta de los datos. En los promedios estadísticos que constan en los apéndices se ve que, en cada país, a los hombres les va mejor en algunos indicadores y a las mujeres, en otros. Sin embargo, el propio índice (frecuentemente utilizado en las iniciativas gubernamentales y no gubernamentales como punto de referencia) solo considera las deficiencias que perjudican a las mujeres. Con la finalidad de captar más información concreta relevante para el análisis de las dinámicas territoriales, el capítulo también propone instrumentos y categorías de investigación alternativas. Los cinco pasos de investigación comentados son: delimitar el campo de estudio; desagregar los datos por género; seleccionar las unidades de análisis y las categorías de investigación; distinguir entre las prácticas materiales y los discursos simbólicos; y tratar el género a escalas micro, meso y macro.

En el capítulo 8, escrito con Ana Victoria Peláez, Carina Emanuelsson y Maritza Florian, examinamos las condiciones para los hombres y para las mujeres en Guatemala, señalando su posición desfavorable, tanto para ellos como para ellas, en relación con otros países en la región. En un país y en un territorio cuyas tasas de empleo femenino son relativamente bajas, identificamos formas de actividad económica importantes que están subestimadas en los datos y poco respaldadas por los procesos institucionales. Los estudios de las cadenas de valor en dos sectores emblemáticos de la Cuenca Ostúa-Güija –el del tomate en plena expansión y el del calzado en contracción– revelan que un número significativo de mujeres, jóvenes y algunos hombres realizan actividades que son vitales en el territorio, pero que no reciben ni reconocimiento ni apoyo. Relacionando ciertas prácticas de investigación y de representación cultural de lo que cuenta como "trabajo" con la distribución desproporcionada de los capitales tangibles e intangibles, este capítulo desarrolla dos líneas que vinculan nuevos métodos de investigación con procesos que fortalecen la reflexión y el desempeño de los diversos

actores territoriales. La primera es reconocer, valorar y apoyar una gama más amplia de actividades laborales en las
que participen mujeres y hombres; la segunda es promover
aquellos espacios comunitarios donde diversos actores
puedan generar y debatir nuevas visiones y posibilidades.

La rapidez de los cambios históricos examinados en
el libro –tanto para los hombres como para las mujeres–
dificulta la adaptación coordinada de sistemas de género
que sostengan y reproduzcan el hogar, la comunidad y
el entorno natural. En el último capítulo identificamos
algunos de los desafíos a la sostenibilidad presentes en los
territorios estudiados, junto con las opciones positivas que
están emergiendo. Los fenómenos considerados van desde
la emigración de mujeres afuera de las áreas rurales hasta
los escasos logros educativos de los hombres que se quedan
y la intensificación de las tensiones relacionadas con la
realización del trabajo identificado como "reproductivo". En
este capítulo argumentamos que para trascender las "crisis
de reproducción" actuales, los movimientos relacionados
con la feminización del mercado laboral tendrán que ir
acompañados de movimientos de similar magnitud en las
masculinidades. Frente a estos desafíos, las posibilidades
de contribuir a que se produzcan movimientos positivos en
los territorios dependerán del acceso a recursos discursivos
e institucionales que faciliten la adaptación –diferenciada
entre un espacio socioecológico y otro– de nuevos significados y prácticas de masculinidad y de feminidad.

Varias son las implicaciones posibles que este trabajo
tendría en futuras investigaciones y en el diseño de la política pública. Intenta ofrecer estrategias conceptuales y metodológicas que sirvan de apoyo a los actores para avanzar
hacia un cambio histórico que lleve a un desarrollo rural
más equitativo y sostenible. En América Latina, los estudios,
programas y políticas relacionados con el género se han
centrado, sobre todo, en las mujeres, particularmente en

la promoción de sus derechos individuales o en respuesta
a sus necesidades inmediatas. Por su parte, los estudios,
programas y políticas de desarrollo socioeconómico rural
con frecuencia han demostrado la falta de atención a las
realidades empíricas de género, junto con el uso acrítico de
estereotipos de género. La insuficiencia de marcos teóricos
y metodológicos que conecten estas dos líneas de investigación y pensamiento –la de género y la del desarrollo
rural– es un factor que contribuye a la perpetuación de
procesos que generan el tipo de desigualdades y contradicciones documentadas en este libro. Y la falta de atención
a las condiciones masculinas es un factor que limita tal
conexión. Al abordar las interacciones dinámicas entre los
sistemas de género y los procesos territoriales, este libro
aporta elementos que apoyan a estrategias dirigidas a la
generación de procesos más integrales y equitativos de
cambio histórico y geográfico.

Capítulo 1. Tendencias regionales en América Latina y el Caribe: movimiento en lo femenino y en lo masculino[1]

This chapter examines the role of gender mechanisms and ideologies in select historical trends in Latin America as a region, and in national and territorial contexts. We identify gendered changes and challenges confronting men and women between 1985 and 2010, a period marked by increased foreign direct investment and integration into global markets together with diverse forms of environmental degradation and conflict. Phenomena considered include the massive incorporation of women into paid work; the continued dominance of men in political representation and decision; rapidly increasing gaps in life expectancy that disfavor men; the demographic masculinization of many rural areas and the feminization of urban areas; a distribution of economic resources that favors men; and access to secondary and university education that favors women by a greater margin each year. With widespread shifts away from family farming, masculine identities face different spatio-temporal regimes and relations. New hierarchies are developing as growing classes of businessmen and professionals establish powerful ways of being manly in rural territories. The chapter ends with a reflection on how

---

[1]   Deseamos reconocer y agradecer la valiosa contribución de María Andrea Nardi en el análisis de las fuentes secundarias y en la revisión y discusión de las versiones anteriores de este capítulo; también la inspiración y el aporte de Diana Mulinari.

colonial and postcolonial legacies and global influences
shape the ways in which gender is perceived and portrayed
by scholars as well as other actors.

Género y territorio se refieren a fenómenos históricos y geográficos: sus expresiones materiales e institucionales cambian con el tiempo y a través del espacio, mientras sus manifestaciones moldean la forma en que la gente ve y actúa en cada espacio-tiempo. Este libro analiza las interacciones entre los sistemas de género y los procesos históricos en América Latina durante los últimos 25 años, un período en el que, en la mayoría de los territorios rurales, el crecimiento económico no ha conllevado una distribución más equitativa del ingreso y una reducción de la pobreza, pero sí la degradación ambiental. Aunque las desigualdades sociales están fuertemente enraizadas en América Latina, comienzan a aparecer señales de cambio, y aquí identificamos unas dinámicas de género que han contribuido a que ciertos procesos y resultados sean más equitativos y sostenibles.

Desde 1980, el crecimiento del producto interno bruto (PIB) en la región ha dependido, en parte, de la incorporación de cerca de setenta millones de mujeres en la economía formal (Chioda 2011). En este periodo, la participación femenina en la fuerza de trabajo creció mucho más en América Latina que en otras regiones, simultáneamente con una pérdida neta de la participación masculina; entre 1990 y 2010, las tres subregiones del mundo donde más ha crecido la participación relativa de las mujeres son América del Sur (el 21%), el Caribe (el 9%) y América Central (el 8%) (United Nations 2010, 77). Este cambio coincide con importantes mejoras en la educación y la salud de las mujeres, quienes, como categoría estadística, ahora sobrepasan a los hombres en los niveles educativos alcanzados y en la esperanza de vida.

No obstante, la gran expansión de la proporción de mujeres en la economía y en la educación no corresponde a otros avances relacionados con la equidad de género. Nos referimos, por ejemplo, al monto de los salarios, las condiciones laborales, la representación política y el peso de las tareas reproductivas, todos aspectos que juegan en contra de las mujeres.

Mientras los cambios producen resultados mixtos para las mujeres, se evidencian brechas crecientes en áreas donde los hombres enfrentan desventajas dentro de los sistemas de género predominantes. En todos los países de la región son desproporcionadamente altas las tasas masculinas de accidentes, alcoholismo, ciertas enfermedades, encarcelamiento, homicidio, suicidio y otros factores que contribuyen a que sean mayores las tasas de discapacidad y menor la esperanza de vida de los hombres con respecto a las mujeres. Vivian Milosavljevic (2007, 80) demuestra la ampliación acelerada de esta brecha en perjuicio de los hombres:

> Para el período 2000-2005 se estima que en América Latina la esperanza de vida femenina es de 75,2 años en promedio, mientras que la masculina sería inferior, de solo 68,8 años; por tanto, la sobrevida de las mujeres alcanza a 6,4 años más. Hace 30 años, la esperanza de vida para ambos sexos apenas superaba los 50 años, con un promedio de 51,8 años, y las mujeres vivían, también en promedio, 3,4 años más que los varones.

Los dominantes regímenes de masculinidad contribuyen a hacer de América Latina la región más violenta del mundo en términos de las tasas de homicidio. Mueren por esta causa muchos más hombres que mujeres, con proporciones de hasta 11 a 1 en Colombia (Acero Álvarez 2011, 21). Según Joyce Jacobsen (2002, 1), América Latina y el Caribe también presentan los porcentajes más altos del mundo por muertes atribuidas a enfermedades y accidentes relacionados con el abuso del alcohol, porcentajes que afectan abrumadoramente a los hombres.

La fuerte influencia del género es evidente no solo en las estadísticas vitales de los hombres, sino también en las expresiones simbólicas asociadas con la masculinidad. Una mirada cualitativa revela las imágenes y los discursos de masculinidad empleados para justificar el trato y las condiciones que perjudican a los hombres o a ciertos grupos de hombres. Cuando el padre pega a su hijo, expresa que no puede permitir que el menor "se vuelva maricón"; mientras el sargento golpea al recluta del ejército, afirma que es necesario para "hacerlo hombre"; y cuando el enfermo rechaza la atención médica, sostiene que "los médicos son para los débiles, un hombre no necesita ayuda". Lo que es muy relevante para los fenómenos analizados en este libro, el trabajo duro en condiciones brutales y peligrosas, se justifica con el estereotipo de que los hombres rurales son "naturalmente" duros y arriesgados. Estas condiciones y estereotipos de la masculinidad afectan a los hombres, a las mujeres y a los hogares, así como a las dinámicas territoriales, ya que limitan, o posibilitan, ciertos procesos socioeconómicos y políticos de cambio.

En este libro exploramos los vínculos entre las barreras que limitan un mejoramiento más integral de las condiciones de las mujeres en América Latina y las fuerzas que están detrás del empeoramiento –relativo o absoluto– de ciertas condiciones de los hombres. Presentamos estadísticas nacionales que demuestran que las peores condiciones para los hombres tienden a coincidir con las peores condiciones para las mujeres. Estos vínculos son iluminados en un marco sistémico que considera a las condiciones y los desafíos asociados a las masculinidades junto con los asociados a las feminidades dentro de contextos histórico-geográficos particulares. El marco sistémico permite considerar múltiples factores y fuerzas que contribuyen a la formación, la persistencia o el cambio de las normas y condiciones de género que perjudican a los hombres y a las mujeres, de diferente forma. Entre ellos, se encuentran las huellas coloniales de la jerarquización y discriminación, los procesos de globalización neoliberal que han incrementado las desigualdades entre regiones y dentro de las regiones; también las imágenes hipermasculinas e hiperfemeninas que proyectan los medios de comunicación y los bienes de consumo. El marco también permite identificar características y relaciones de género que apoyan y sostienen las dinámicas positivas.

En este capítulo tratamos algunas tendencias en juego en América Latina causadas, en parte, por las ideologías y los mecanismos de género; asimismo miramos críticamente las huellas de género dejadas por los procesos y los pensamientos coloniales y poscoloniales como también por los procesos de globalización. En los capítulos que siguen ilustramos cómo interactúan las tendencias regionales con los factores nacionales y locales en la producción de cambios en determinados territorios.

Cambios y desafíos para los hombres, que afectan a todo el sistema de género

Las tendencias socioeconómicas en América Latina conllevan transformaciones substanciales en las situaciones laborales y domésticas de un gran número de hombres. Frente a los cambiantes desafíos y posibilidades de masculinidad, las normas y expectativas predominantes en los contextos estudiados influyen de varias formas sobre la capacidad de los actores para adaptarse a las realidades del siglo XXI.

En un estudio sobre las condiciones de los hombres en América Latina y el Caribe, Joyce Jacobsen (2002, IV) señala:

Entre las conclusiones del informe, una es que los hombres
se enfrentan a desventajas importantes debido a sus roles
masculinos, sobre todo a la destrucción de capital humano a través de las enfermedades transmisibles, accidentes
de trabajo, la violencia, el abuso de sustancias tóxicas y la
institucionalización. En el área de acumulación de capital
humano, específicamente en la educación formal, los hombres también están en peores condiciones que las mujeres,
aunque pueden tener ventajas en la acumulación informal,
que es más difícil de medir. Los cambios de los roles sociales
también plantean nuevas exigencias al trabajo de los hombres y la vida familiar, un reto al que no todos son capaces
de responder de manera adecuada.

Aunque la esperanza de vida, en general, ha aumentado
en América Latina y el Caribe, los patrones de destrucción
del capital humano perjudican a los hombres en proporción
cada vez mayor, motivo por el cual su esperanza de vida
es relativamente menor que la de las mujeres, y su tasa de
discapacidad es mayor. Estudios que documentan los riesgos que corren los hombres, especialmente los jóvenes, de
ser blanco de la violencia vuelcan la atención hacia la tasa
extraordinariamente alta de homicidios en la región y el
asombroso desequilibrio de género, ya que la gran mayoría
de las víctimas de los asesinatos en todos los países son
hombres. Gary Barker *et al.* (2011, 171) activan la alarma:

Actualmente, Brasil cuenta con cerca de 200.000 hombres
menos que mujeres en el rango de edad de 15 a 29 años. El
Instituto Nacional del Censo de Brasil (IBGE) ha estimado
que para 2050 habrá seis millones de hombres "desapareci-
dos" de la población brasileña, principalmente como resultado de la muerte en accidentes de tráfico y los homicidios.

Para muchos observadores, el hecho de que en
Colombia los hombres mueren, en promedio, 10,7 años
antes que las mujeres y que 11 hombres son asesinados
por cada víctima mujer (Acero Álvarez 2011, 21) tiene poca

relación con el hecho de que Colombia consta entre los cinco países del mundo donde ha empeorado la situación relativa de las mujeres entre 2006 y 2010.[2]

Contra la creencia generalizada de que la subordinación de las mujeres favorece a los hombres y la "liberación" de las mujeres los perjudica, en este libro argumentamos que los sistemas de género que ejercen más intensidad en restringir y oprimir a las mujeres, como categoría, tienden a ser los que subyugan a los hombres, o a ciertos hombres, a los regímenes de masculinidad más violentos, física o psicológicamente.

A nivel mundial, la gran mayoría tanto de las víctimas como de los perpetradores de la violencia son hombres; sin embargo, la variada gama de situaciones dentro de las sociedades, entre sociedades y a través de la historia deja en claro que la biología ligada al sexo no es la causa de esta violencia. En América Latina, las tradiciones culturales que conducen a los hombres a sufrir (y a perpetrar) una violencia desproporcionada comienzan con la expectativa de que los niños deben ser duros, agresivos y asumir riesgos. Estas normas se traducen en las mayores tasas de mortalidad de los varones, en comparación con las niñas, desde muy jóvenes (Jacobsen 2002, 8).

Otra tradición cultural relevante es aquella expectativa de que los hombres no deben admitir la debilidad o el dolor y, por lo tanto, no deben "necesitar" atención médica o psicológica. Los estudios realizados en otras partes del mundo revelan los riesgos de salud específicos que corren los hombres rurales cuando intentan satisfacer las expectativas de ser resistentes y autosuficientes (Courtenay 2006, 156). El alcoholismo es un factor complejo que contribuye

---

[2]   Según el *Gender Gap Index*, donde, debido a la exacerbación de la brecha de género nacional, el *ranking* de Colombia cayó de la posición 22 en 2006 a la 63 en 2012 (Hausmann *et al.* 2011).

a la presencia de enfermedades, accidentes y muertes en América Latina, como también a desafíos a la sostenibilidad de familias y comunidades. La dependencia del alcohol y las muertes relacionadas a su consumo son mayores entre hombres que entre mujeres en cada grupo de edad y nacionalidad que se ha estudiado en la región (Pyne, Claeson y Correia 2002). Las expectativas relacionadas con el ciclo de vida masculino vienen a ser más complejas con los cambios históricos y generacionales. Algunos de los desafíos son explorados en el trabajo de David Amorín (2007), *Adultez y masculinidad. La crisis después de los 40.*

Nuestros estudios de caso ilustran cambios concretos en la vida de los hombres desde la década de 1980. En CHAH, México, la agricultura independiente, el modo de vida más común durante generaciones y uno de los pilares de la identidad masculina, disminuyó drásticamente con el declive de la producción de henequén (Yúnez Naude *et al.* 2011, 7). Para muchos jóvenes, esto implica la necesidad –y la oportunidad– de construir masculinidades de forma diferente a como lo han hecho sus padres y abuelos, como puede ser otra manera de relacionarse con la tierra y la naturaleza, así como nuevas relaciones con la educación, el dinero y los bienes de consumo. En la cuenca Ostúa-Güija, Guatemala, un número de hombres siguen administrando sus propios sistemas agropecuarios y también se incorporan como jornaleros en la agroindustria, donde están subordinados a distintos requerimientos de tiempo y de espacio, y a las decisiones de los administradores. María Frausto (2011, 52) reporta que el 18% de los productores de granos básicos se emplea como mano de obra durante las épocas de cultivo de tomate.

A los agricultores que cambian de ocupación, a veces se los sigue asociando con imágenes de la masculinidad rural que los retratan como toscos y rústicos. Gerentes y trabajadores entrevistados en Chiloé, Chile, por ejemplo, caracterizaron a los trabajadores como fuertes, torpes y brutos, con tendencia al alcoholismo y la impuntualidad y con capacidad para asumir cargos de riesgo y la operación de maquinarias (Macé, Bornschlegl y Paulson 2010, 21). Los grupos focales realizados en varios territorios evidencian que los residentes han interiorizado esta clase de estereotipos acerca de los hombres rurales y los repiten. ¿Cómo se relacionan estas imágenes masculinas con las metas y las opciones de los jóvenes rurales? ¿Cómo influirán en los estancados logros educativos de los niños varones en muchos territorios rurales?

Aunque los hombres latinoamericanos han experimentado menos desventaja de género en la acumulación de capital humano que en la destrucción de capital humano, las recientes tendencias en la educación no parecen ser positivas para los niños y los hombres. Las tendencias de acceso a la educación, que en América Latina habían favorecido a los hombres desde la época colonial, se han revertido al final del siglo XX cuando nuevas brechas de género comenzaron a abrirse en favor de las niñas y las mujeres. Aunque los niños tienden a comenzar la escuela a una edad más temprana, ellos aplazan los estudios o abandonan la escuela más frecuentemente que las niñas. Asimismo, menos hombres que mujeres completan la educación media y superior (Milosavljevic 2007, 101). Las excepciones a los patrones de matriculación que favorecen a las niñas son evidentes en algunas poblaciones indígenas, variación que demuestra la interrelación existente entre el género y las dimensiones espaciales y etnorraciales (Duryea, Galiani y Ñopo 2007).

En algunas partes de América Latina los incrementos relativos de la participación de las niñas en la educación, en comparación con los niños, coinciden con procesos que llevan a mayor acceso para todos. En otras partes, la participación de los niños y hombres en la educación está estancada o ha disminuido en términos absolutos. Esto es especialmente preocupante a la luz de la baja matriculación total en la educación secundaria de la región (el 71% en promedio), que todavía está muy por debajo de los Objetivos de Desarrollo del Milenio. Considerando estas tendencias educacionales, el Banco Mundial (2001, 265) aboga por "intervenciones en educación u otras políticas sociales enfocadas en niños y hombres en lugar de en niñas y mujeres".

La migración plantea diferentes oportunidades y desafíos a los hombres y las mujeres que abandonan sus hogares rurales en busca de trabajo; también a las personas que se quedan. Los hombres que viajan en búsqueda de trabajo –por ejemplo, los agricultores de Loja, Ecuador, o de Chiloé, Chile– se exponen a relaciones laborales degradantes (exceso de trabajo, condiciones inseguras o maltrato físico) por parte de los supervisores, quienes se respaldan en imágenes de una hombría dura y en la jerarquía masculina. Los que migran solos cuentan sobre las dificultades que tienen por estar aislados de la complementariedad de género a través del cual se organiza el apoyo, el cariño y el cuidado diario en sus hogares y comunidades. Al mismo tiempo, hay pruebas de que algunos de los migrantes tienen experiencias y aprendizajes positivos. Los que regresan, tanto hombres como mujeres, traen consigo ideas, imágenes y experiencias que les sirven como recursos para la adaptación de nuevas identidades y relaciones de género.

En el examen que hacen de los estudios acerca de los hombres en América Latina, Susan Mannon y Eagan Kemp (2010, 479) observan que "ha habido mucha preocupación, y cierta evidencia, de que la marginalización económica, la inseguridad laboral y la disminución de los salarios han erosionado la habilidad de los hombres de proveer a sus familias y mantener su poder en el hogar". Entre los estudios que comienzan a examinar estos importantes cambios ocurridos, el de María del Rosario Ayala (2007) se concentra en cambios a partir de las crisis económicas de la década de 1980 en la región. Para suplir la falta de información acerca de cómo estas tendencias se manifiestan en los hombres de diferentes situaciones de vida, Mannon y Kemp entrevistan a hombres costarricenses de tres clases socioeconómicas, representadas en los siguientes perfiles.

El primer grupo son hombres de clase media, algunos de los cuales acceden a la educación universitaria, lo que les permite competir en un mercado de trabajo profesional. "Estos hombres se realizan en condiciones de competitividad e individualismo. Y en este entorno se está construyendo una identidad masculina que refleja el ideal hegemónico masculino, asociado con el paradigma del libre mercado" (Mannon y Kemp 2010, 487). La valoración del espíritu emprendedor y el poder financiero apuntalan la influencia de una nueva masculinidad global. Pero los autores señalan que este ideal está muy lejos del alcance de la mayoría de los hombres en Costa Rica, que carecen de capital financiero, cultural y social necesario para realizarlo.

El segundo grupo caracterizado por Mannon y Kemp (2010, 488) es el de los hombres con educación básica, quienes acceden a trabajos que no necesariamente son estables ni bien remunerados, condiciones que dificultan la realización de una identidad masculina adulta que gira en torno a ser el proveedor económico de su familia.

> Sugerimos que estos hombres abrazan los ideales masculinos convencionales precisamente porque están desvirtuados por el neoliberalismo. Arrojados a los siempre cambiantes mercados de trabajo en los que deben competir con las mujeres por empleos con remuneraciones bajas, arraigados en hogares donde las mujeres usan su creciente independencia financiera para disputar el poder patriarcal, estos hombres se aferran a una secuencia de gestos masculinos, cada vez más obsoletos, que ofrecen un cierto grado de privilegio

patriarcal. Luchan por ser "varoniles" en un momento en el que el neoliberalismo les hace "femeninos".

El tercer grupo incluye hombres que van de un trabajo temporal a otro como recolectores de café, obreros en la construcción, vendedores del mercado u otros. "Como resultado en cierta medida de su subempleo o desempleo, estos hombres no tenían esposas, hijos, ni siquiera novias. (...) Un reflejo de su incapacidad para asegurar el empleo a tiempo completo y lograr el tipo de recursos básicos que podrían proveer para una familia" (Mannon y Kemp 2010, 488).

Un vacío en las fuentes revisadas, y también en nuestra investigación, es la falta de atención a este tercer tipo de situación: los hombres que no son jefes de familia o que, por otras razones, no alcanzan las características que marcan la virilidad y la hombría en los sistemas de género dominantes. Su invisibilidad está determinada, parcialmente, por las obstinadas resistencias a ver, o analizar, las diversas condiciones de género que los hombres enfrentan. También está relacionada con la forma en que se mide la pobreza y otros factores demográficos, basada en los hogares; una práctica que puede llevar a quienes investigan a omitir o subestimar a la gente que no vive en hogares. Algunos hombres que no están registrados dentro de los hogares han migrado; otros están encarcelados, no tienen hogar o son aislados por no cumplir con las normas de género o sexualidad masculina. Millones de trabajadores viven en las plantaciones, las minas u otros lugares de trabajo. Estos hombres y sus vidas contribuyen a constituir las masculinidades subordinadas.

Además de reconocer que el patriarcado y la heteronormatividad crean efectos negativos tanto para los hombres como para las mujeres, el feminismo y los diálogos sobre el género han contribuido para que hombres de diferentes contextos hayan desarrollado visiones y estrategias más positivas para lidiar con las normas dominantes. En América Latina, una serie de estudios acerca de los hombres y las masculinidades, principalmente cualitativos, han comenzado a prestar atención a las formas positivas a través de las cuales ellos se adaptan y crean nuevos tipos de masculinidades.

Uno de los primeros es la etnografía *Life is Hard: Machismo, Danger, and The Intimacy of Power in Nicaragua*, escrito por Roger Lancaster (1992). El libro *Changing Men and Masculinities in Latin America* (Gutmann 2003) reúne estudios que tocan temas como la paternidad, las masculinidades urbanas y la homosexualidad. La colección subraya las tensiones y desafíos que surgen en relación con las cambiantes estructuras socioeconómicas; también ilustra una gama de respuestas creativas, reflexivas y estratégicas.

De interés especial son las experiencias en las cuales diversos hombres forman coaliciones que trabajan para construir condiciones más positivas para todos. En los próximos capítulos examinamos algunas iniciativas y reflexiones desarrolladas en Nicaragua y El Salvador, siguiendo las huellas dejadas por décadas de conflicto violento.

Cambios y desafíos para las mujeres, que afectan a todo el sistema de género

Los cambios dramáticos que han ocurrido en América Latina y el Caribe durante las últimas décadas del siglo XX han generado notables mejoras en la salud, la educación y el empleo de las mujeres. El estudio del Banco Mundial sobre la región dirigido por Laura Chioda (2011), mencionada arriba en relación con la incorporación masiva de mujeres al mercado laboral, también evidencia que ha crecido el porcentaje de escaños parlamentarios ocupados por mujeres (a cerca del 24%); que las tasas de fecundidad han bajado de 5,9 nacimientos en 1960 a 2,2 en 2009; y que niñas y mujeres superan, en número y en desempeño, a niños y hombres en la educación secundaria y universitaria.

Una conclusión central del estudio es que tales incrementos no se han traducido, automáticamente, en una mejora del bienestar o la felicidad de las mujeres; tampoco en configuraciones justas del ejercicio del poder. Por el contrario, Chioda (2011) enfatiza que esos cambios van acompañados de nuevos y muy serios desafíos que deben ser enfrentados desde nuevas perspectivas. En el centro de estos desafíos, dicho estudio coloca las luchas de las mujeres para encarar las cambiantes demandas sobre sus esfuerzos en un contexto donde el incremento de trabajo remunerado combinado con una fuerte resistencia al cambio de otras normas y prácticas de género "intensifican las luchas para negociar el equilibrio entre familia y carrera" (Chioda 2011, XVI). Un comunicado de prensa sobre el informe del Banco Mundial para el año 2012[3] cita al economista jefe para América Latina y el Caribe, Augusto de la Torre, y señala:

> La política de género en la región está en un momento crucial (...) Las pruebas y los análisis presentados en este estudio indican que las mujeres en la región se enfrentan cada vez más al complejo desafío de equilibrar distintos roles, identidades y aspiraciones. Estas complejidades tienen que ser llevadas al corazón del diseño de políticas, con un mayor énfasis en la equidad que la igualdad.

Si bien coincidimos con la propuesta de iniciar una nueva etapa en la política de género, y de poner el acento

---

[3] "Más allá de la brecha de género. Mujeres de América Latina y el Caribe en busca de un nuevo equilibrio", comunicado de prensa núm. 2012/123/LAC. Disponible en línea: http://web.worldbank.org (acceso: 26 de septiembre de 2012).

en la equidad y el balance, nosotros respondemos aquí de una manera mucho más sistémica y más atenta al poder. Más allá de buscar un nuevo equilibrio entre las diversas demandas que encaran las mujeres, como actoras individuales, enfocamos los equilibrios entre las vidas de diversos actores, hombres y mujeres, en los hogares, los lugares de trabajo y los territorios.

Tal mirada considera a un fenómeno como la feminización del mercado laboral como un proceso histórico y espacial que involucra a todos, no solo a las mujeres. Desde la década de 1980, la reestructuración económica desplazó el predominio del sector primario hacia los sectores manufactureros y de servicios, donde muchos nuevos puestos de trabajo favorecieron a las mujeres, cuya disminución de la fertilidad, mayores niveles de instrucción y su disposición a aceptar salarios bajos les permitió aprovechar las nuevas oportunidades. No cabe duda de que el aumento de la participación de las mujeres en el mercado laboral ha beneficiado, en el corto plazo, las economías territoriales y nacionales. Sin embargo, como Chioda (2011) y otros señalan, este cambio no ha sido tan positivo para el bienestar, la autoestima y la independencia de las mujeres como sus defensores pronosticaron. Argumentamos aquí que el cambio también genera desafíos serios para los hombres.

El aumento del empleo de las mujeres se ha asociado con las tendencias positivas en la educación de niñas y mujeres en todos los países latinoamericanos; también con el aumento de su representación en la política nacional en la mayoría de los países. Sin embargo, contrariamente a las predicciones y promesas, los datos no muestran cambios de una magnitud similar en cuanto a la distribución de los recursos productivos o del poder político en el ámbito local, ni en la reducción de la carga de trabajo no remunerado que sobrellevan las mujeres en el hogar y la comunidad. Y, fundamentalmente, el acceso más igualitario al trabajo no se ha traducido en avances similares hacia la igualdad de salarios y beneficios. El Banco Interamericano de Desarrollo encontró que, en América Latina, los hombres, como categoría, ganan más que las mujeres de todas las edades, en todos los niveles de educación y en empresas grandes y pequeñas. También muestran que las diferencias son mayores entre hombres y mujeres con educación superior (Ñopo, Atal y Winder 2009).

En los territorios rurales de América Latina existe mucha evidencia de que las industrias en expansión se han aprovechado de las jerarquías de género predominantes para incorporar mujeres a puestos de trabajo pagándoles salarios más bajos que los de los hombres y con menos seguridad laboral. Es así como se han creado nuevas formas y regímenes de subordinación (Deere 2005; Selwyn 2010). Como Sara María Lara Flores (1995) señala en la introducción de su volumen *Jornaleras, temporeras y bóias frías. El rostro femenino del mercado de trabajo rural en América Latina:*

> Los trabajos que se reúnen en este libro analizan la evolución que ha vivido la mano de obra femenina en el ámbito de la reconversión agrícola latinoamericana, particularmente en los casos de Ecuador, Argentina, Chile, Brasil y México donde, al parecer, prima una estrategia que se apoya en una asimetría de género reforzada por los cambios tecnológicos.

Nuestras investigaciones muestran cómo determinados discursos de género son aprovechados por actores externos para construir nuevos arreglos económicos. En las industrias del tomate y del salmón, por ejemplo, las empresas movilizan antiguos estereotipos e introducen nuevas expectativas para separar a hombres y mujeres a través de distintas posiciones laborales y para justificar rangos salariales jerárquicos. En los siguientes capítulos presentamos algunos testimonios, tomados de las entrevistas realizadas, para mostrar cómo se justifican estos regímenes laborales apelando a discursos esencialistas en los cuales hombres y mujeres tienen diferencias "naturales" que vuelven a cada grupo adecuado, o inadecuado, para ciertas tareas. Estas afirmaciones contradicen lo que revela una mirada comparativa y diacrónica que pone en evidencia que las cualidades y tareas consideradas "naturales" para hombres y mujeres varían, significativamente, a través del tiempo y del espacio. Benjamin Selwyn (2010, 66), por ejemplo, documenta los cambios acontecidos en una región de Brasil donde el trabajo agroindustrial etiquetado como "naturalmente femenino" durante una década fue resignificado como varonil en la siguiente.

> Mientras que una particular división del trabajo según género puede lograr los objetivos de gestión en cuanto al aumento de la calidad del trabajo y la disminución de los costos sociales en un período determinado, con el tiempo puede surgir la necesidad de cambiar la configuración de género, en la medida que los productores están sujetos a nuevas presiones de competitividad y diferentes demandas sindicales.

En este libro documentamos diversos patrones y experiencias de trabajo. En algunos territorios, decenas de miles de mujeres se han incorporado al mercado laboral como trabajadoras asalariadas o temporales; en otros, pocas mujeres se dedican al trabajo remunerado; hay casos también en los cuales los hombres reciben el pago por el trabajo realizado por sus esposas, hijas e hijos en las industrias artesanales hogareñas.

Las diversas tendencias de incorporación de mujeres al mercado laboral coexisten bajo un patrón generalizado en el cual la distribución de los capitales económicos favorece a los hombres. No obstante, es la evidencia de que están ocurriendo cambios en esta distribución de capitales lo que nos llama la atención. En el caso del Macizo de Peñas

Blancas, Nicaragua, por ejemplo, los hogares dirigidos por mujeres han participado activamente en la compra de tierra durante los últimos veinte años y son los que menos tierra han vendido, tendencias que podrían contribuir a que la distribución de la tierra se torne más equitativa entre hombres y mujeres; también entre los hogares con jefatura masculina y con jefatura femenina. De acuerdo con los datos econométricos que muestran correlaciones positivas para el bienestar de los hogares en los municipios nicaragüenses donde las mujeres tienen mayor acceso a los capitales, dicho cambio podría contribuir a que se produzcan mejoras sociales más amplias (Rodríguez, Gómez y Paulson 2011). Los cambios en la distribución de capitales influyen no solo en las vidas de mujeres u hombres, sino también en la dirección que toman las dinámicas territoriales. En Ostúa Güija, Guatemala, por ejemplo, cuando las mujeres reciben préstamos, los invierten en una mayor diversidad de empresas e iniciativas que los hombres, contribuyendo a diversificar la economía local.

Las mujeres rurales y las pobres son las que han sido incorporadas, con mayor frecuencia, en el último eslabón de las cadenas internacionales de valor percibiendo salarios más bajos y menos beneficios. Su débil posición económica y su ubicación espacial a menudo limitan su capacidad para acceder a servicios de guardería y ayuda doméstica, que sí están disponibles para otros hogares. El apoyo público dirigido a mujeres también tiende a desfavorecer a las mujeres rurales. A pesar de la existencia, en todos los países estudiados, de iniciativas estatales y no gubernamentales cuyo propósito explícito es ayudar o empoderar a las mujeres, es llamativo que ninguna aparece como relevante en los veinte estudios territoriales realizados por el Programa DTR. En otro estudio en Chile, Ann Matear (1997, 100) sostiene que los programas establecidos por el

Servicio Nacional de la Mujer (SERNAM) han privilegiado a las mujeres urbanas y asalariadas.

> Como resultado, las campesinas y temporeras no urbanas fueron dejadas en los márgenes de las corrientes políticas principales, tales como la capacitación para el empleo o la microempresa, las cuales fueron canalizadas a través de SERNAM a los diversos ministerios. Por consiguiente, sus necesidades no fueron identificadas o representadas.

Aunque las instituciones, organizaciones y los movimientos sociales especializados en temas de género parecen ser menos evidentes en las dinámicas rurales, su influencia en la legislación y la política nacional sí va más allá de las ciudades. En Argentina, por ejemplo, la legislación que norma el trabajo doméstico afecta a las opciones de las mujeres rurales y al flujo de mujeres rurales que migran a las ciudades en búsqueda de trabajo. Otra legislación que tiene efectos en toda la población es aquella referida a las cuotas electorales. En un estudio realizado en ocho países de América Latina que poseen leyes de cuotas (Argentina, Bolivia, Brasil, Costa Rica, Ecuador, México, Perú y República Dominicana), y en dos que no las tienen (Chile y Uruguay), Nélida Archenti y María Inés Tula (2008) argumentan que la aplicación de dicha legislación no solo aumenta el número de mujeres que participan en política, sino también contribuye al reconocimiento social, político y cultural de las diferencias de género y, en consecuencia, a la diversificación de las agendas parlamentarias y públicas.

El estudio realizado por Claudia Ranaboldo y Yolanda Solana (2008) sobre la participación política de las mujeres en 25 países latinoamericanos revela que la representación de las concejalas en los gobiernos locales ha aumentado del 12% en 1996 al 26% en 2006, lo cual está correlacionado con la legislación que establece cuotas de género en muchos países. A la vez, las autoras documentan un impactante predominio de los hombres en las elecciones uninominales. El porcentaje de alcaldesas, por ejemplo, apenas cambió del 5% en 1996 al 6% en 2006 (Ranaboldo y Solana 2008, 8), un factor que condiciona fuertemente la gobernanza de los territorios rurales. La elección de cuatro mujeres presidentas en América Latina y el Caribe desde 2006 marca un cambio visible e importante frente a una larga historia anterior de solo tres presidentas elegidas y dos interinas.[4] A la vez, notamos que en 2012 las tres presidentas actuales constituyen menos del 10% de los líderes de Estado de la región, número que está lejos de ser representativo. Estos cambios en representación política –como también las persistencias– deben ser seguidos con atención.

En el estudio mencionado arriba, Archenti y Tula (2008) concluyen que los efectos de las cuotas de género varían dependiendo de cómo estas se combinen con factores institucionales que pueden modificar considerablemente los procesos, tanto positiva como negativamente. Este resultado es relevante para la comprensión de las dinámicas políticas en los territorios rurales, donde incluso la legislación federal que tiene metas de equidad a veces es implementada de tal manera que introduce nuevas desigualdades a favor de los hombres. El estudio en CHAH, México, por ejemplo, revela que un grupo de hombres dominaba la membresía de los Consejos de Desarrollo Rural Sustentable y aprobaba proyectos que proporcionaron capitales y puestos de trabajo a decenas de hombres y prácticamente a ninguna

---

[4]   María Estela Martínez de Perón en Argentina (1974-1976); Violeta Chamorro en Nicaragua (1990-1997); Mireya Moscoso en Panamá (1999-2004); Michelle Bachelet en Chile (2006-2010); Cristina Fernández de Kirchner, cuyo primer mandato fue de 2007a 2011, en 2011 fue reelecta presidenta de Argentina; Laura Chinchilla en Costa Rica (2010-2014); Dilma Rousseff en Brasil (2011-2015). Como interinas: Lidia Gueiler Tejada en Bolivia (1979-1980) y Rosalía Arteaga en Ecuador (seis días en 1997).

mujer (Paredes *et al.* 2011). Además de documentar la
desproporción de la participación y los beneficios percibidos por los hombres en relación con los de las mujeres,
como categoría general, nuestro estudio sugiere que un
pequeño grupo de hombres, conectados entre sí a través de
redes sociopolíticas, controla las decisiones y los recursos
utilizando discursos de masculinidad y el clientelismo para
mantener su posición jerárquica sobre otros hombres en el
territorio. Los símbolos y las dinámicas de género utilizados
para constituir y operar redes de hombres poderosos son
temas vitales en toda América Latina, donde en 2006 los
hombres continuaron liderando el 94% de los gobiernos
locales (Ranaboldo y Solana 2008, 8). También lo son las
experiencias contradictorias del poder entre los hombres
(Kaufman 1998).

Terminamos esta sección con una breve mención a
dos cambios en la composición de los hogares que tienen
importantes implicaciones para las mujeres y para los
sistemas de género de América Latina: un aumento moderado de las tasas de divorcio y un aumento considerable
en la jefatura femenina, especialmente entre quienes tienen instrucción superior (Chioda 2011, 21). La creciente
frecuencia de los divorcios y las separaciones cambia el
horizonte personal para mujeres y hombres, y con esto,
el poder de negociación de los actores. Por lo tanto, este
tema amerita ser examinado en futuras investigaciones.

No cabe duda de que los hogares sin hombres encaran dificultades para acceder a importantes capitales.
Sin embargo, los sorprendentes hallazgos de Sylvia Chant
(1997) y de Chioda (2011, 23) sugieren que los hogares encabezados por mujeres no necesariamente están en peores
condiciones que aquellos encabezados por hombres, en
parte debido a cambios en las sociedades. De hecho, en
la *World Values Survey*, los encuestados latinoamericanos
expresan una aceptación cada vez mayor de las madres

solteras: en la encuesta más reciente, tal aprobación fue extraordinariamente alta, del 88%, en comparación con el 60% para el resto del mundo.

Lo que se desconoce es la situación económica, el bienestar y la aceptación social de los hogares encabezados por padres solteros, categoría que desaparece en los censos y estudios bajo otra más general: "hogares con jefatura masculina".

La herencia colonial: huellas empíricas y epistemológicas

¿Cuáles son las raíces de estos fenómenos de género? ¿Por qué son percibidos y presentados como tales? Durante los siglos de dominio colonial se propagaron las normas e instituciones europeas de género a través de la interacción (en campos de poder desiguales) con la gran variedad de sistemas de género existentes en América Latina. Los procesos pos/neocoloniales, entre ellos las iniciativas de desarrollo nacional e internacional, han continuado y aún continúan impulsando las ideologías y las instituciones de género dominantes en Europa y Estados Unidos. María Lugones (2008, 16-17) observa los profundos impactos que este sistema dominante ha producido en la vida de América Latina durante varios siglos:

> Caracterizar este sistema de género colonial/moderno tanto en trazos generales como en su concreción detallada y vivida nos permitirá ver la imposición colonial, lo profundo de esa imposición. Nos permitirá ver la extensión y profundidad histórica de su alcance destructivo. Intento hacer visible lo instrumental del sistema de género colonial/moderno en nuestro sometimiento –tanto de los hombres como de las mujeres de color– en todos los ámbitos de la existencia.

R. W. Connell (2000, 45) resume las maneras en que los procesos coloniales han conformado las masculinidades:

> El mundo colonial vio la instalación, en una escala muy grande, de las instituciones en el modelo del Atlántico Norte: los ejércitos, los estados, las burocracias, las empresas, los mercados de capitales, los mercados de trabajo, escuelas, tribunales de justicia, los sistemas de transporte. Se trata de instituciones organizadas por género, y su funcionamiento ha reconstituido directamente las masculinidades en la periferia.

El impacto de la historia colonial en la manera de ver y pensar el género es, en algún sentido, aún más poderoso que los formidables impactos materiales. Una mirada atenta a la formación de los fenómenos históricos y geográficos requiere considerar la influencia de género en la ciencia y el conocimiento. En la introducción del libro *Género y descolonialidad*, Walter Mignolo (2008, 9) concibe el sistema dominante como una forma colonial de patriarcado y considera que "el patriarcado regula las relaciones sociales de género y también las preferencias sexuales y lo hace en relación con la autoridad y la economía, pero también con el conocimiento: qué se puede/debe conocer, quiénes pueden y deben saber". De hecho, lo que hoy en día se sabe y se piensa acerca del género está circunscrito, en distintos grados, por lo que analistas no europeos, entre ellos Lugones, Connell y Mignolo, identifican como la lógica central del sistema colonial/moderno. Se trata de una lógica dicotómica y jerárquica que categoriza cada esfera de la vida en dos cuerpos, uno de ellos colocado en un nivel superior: hombres sobre mujeres, blancos sobre no blancos, masculinidades "legítimas" sobre masculinidades "desviadas" o subordinadas, y así sucesivamente.

Tanto el análisis de género como la formulación de políticas de género que se rigen por esta lógica han promovido avances en el conocimiento y en la sociedad. También han alimentado visiones antagónicas y acciones unilaterales, así como reacciones, a veces violentas, en contra de los cambios en los sistemas de género. La promoción de una mayor solidaridad dentro de los hogares y las comunidades, así como el apoyo a las coaliciones de diversos actores que trabajan en la adopción de sistemas de género más adecuados para las nuevas realidades socioeconómicas, pueden beneficiarse de una distancia crítica de las dicotomías jerárquicas planteadas por esos marcos epistemológicos.

Este libro se nutre de una gran cantidad de información y de investigaciones que se organizan a través de las categorías dicotómicas predominantes ("hombres" frente a "mujeres"). El uso analítico de estas categorías ayuda a ver cómo las lógicas dominantes se despliegan histórica y geográficamente, pero también circunscribe nuestra mirada al ocultar aquellas identidades y expresiones de género no dominantes y específicas de cada contexto cultural, algunos de los cuales son explorados en capítulo 3. Por ello intentamos manejar críticamente las categorías en juego, las mismas que a regañadientes reproducimos en el análisis, reconociendo que solo expresan una de las lógicas de género existentes y posibles.

Una mirada crítica revela cómo el establecimiento de una categoría superior como si fuese "lo normal" ha circunscrito el trabajo académico y la política. Al establecerse que la persona blanca es la norma, el foco de atención sobre las cuestiones raciales se ha puesto sobre las personas de color. Siendo los hombres la norma, el enfoque de género se ha centrado en las mujeres. Y con la heterosexualidad como la norma, el estudio de las identidades sexuales se ha centrado en los grupos LGBTI (lesbianas, gays, bisexuales, transexuales e intersexuales). Esta lógica ha hecho que sea difícil para todo tipo de actores sociales, incluidos los académicos, ver y pensar a los hombres blancos heterosexuales en términos de género, raza o sexualidad. Tal invisibilización

ha limitado el potencial para reconocer la naturaleza sistémica de estos sistemas sociales. Estas obstinadas cegueras
conceptuales están siendo cuestionadas en estudios críticos
sobre la identidad racial que giran la mirada analítica hacia
la "blancura" (Jensen 2005; Rothenberg 2004); también en
los análisis de la prioridad otorgada a la heteronormatividad en las políticas y prácticas de desarrollo (Lind 2010).
En esfuerzos paralelos para aplicar un análisis de género a
los hombres, se comienza a prestar atención a las diversas
masculinidades, así como a las relaciones jerárquicas que
valoran y empoderan diferentes formas de masculinidades
(Bannon y Correia 2006; Cornwall, Edström Greig 2011;
Kimmel, Hearn y Connell 2004).

Otro legado del sistema de género colonial/moderno,
muy visible en el material que presentamos en este libro,
es el divorcio conceptual e institucional entre la producción y la reproducción, junto con la mayor valoración de
la producción y su asociación con la masculinidad. Joan
Acker (2004, 24) describe cómo esta constelación de género
se diseminó:

> A medida que el capital europeo-americano estableció el
> dominio a través de la colonización, el imperio y la globali-
> zación, una de las formas culturales/estructurales implícitas
> de esta dominación ha sido la identificación del hombre/
> masculino con la producción en la economía monetaria, y
> de la mujer/femenina con la reproducción y lo doméstico.
> *Esta construcción ideológica contrasta marcadamente con
> la organización actual de la producción y la reproducción*
> (el destacado es nuestro).

En los capítulos que siguen, documentamos las diversas formas en que la organización actual de la producción
y la reproducción en América Latina se diferencia de dicho
modelo ideológico. Se evidencia el hecho, ampliamente
reconocido, de que una gran parte de las mujeres realiza
algún tipo de trabajo remunerado. A la vez, se ilumina

el hecho, rara vez señalado, de la cantidad de hombres que realizan trabajos no remunerados para reproducir las condiciones sociales y ecológicas de la vida: construyen y reparan viviendas, hornos y corrales; regeneran la fertilidad del suelo y los animales; pescan, cazan, recolectan la comida; preparan los alimentos; cuidan y educan a los niños y las niñas, entre otras tareas reproductivas.

Las instituciones que separan la producción (representada como masculina) de la reproducción (representada como femenina) se han difundido de manera heterogénea a través del tiempo y el espacio en América Latina. Durante la época colonial, los ideales europeos de mantener separadas las dos esferas según género fueron los que marcaron las prácticas y el imaginario de la élite, inscritos en la arquitectura, la ropa y la legislación de la época. Luego, los impulsos nacionales de construir ciudadanos modernos (Larson 2005) y los programas internacionales de desarrollo (Paulson 2010) funcionaron, de varias maneras, para que este modelo se extendiera a más grupos y no solo a las élites urbanas; a veces se lo hizo mediante una agresiva reorganización de la vida.

José Olavarría (2003, 334) describe esta división de esferas marcadas por género como artefacto histórico:

> En Chile, como en otras partes, el lugar de trabajo y el hogar fueron separados –en particular en zonas urbanas– como resultado de la revolución industrial, que separó el lugar de producción de donde la gente vivía. Esta situación "poco a poco dio lugar a la distinción público/privado, lo que lleva a una separación de las esferas de acción de mujeres y hombres, del poder y el afecto" (Jelin 1994, 76). Este tipo de familia fue idealizada como el modelo normativo –sobre todo en el siglo XX– asumido como "normal" y "natural". Su existencia ganó dominación ideológica a través de la teoría de los roles de género, *a pesar de las discrepancias con la realidad* (el destacado es nuestro).

Son precisamente estas discrepancias las que revelan nuestras investigaciones, realizadas con métodos diseñados para captar con cuidado las realidades empíricas, aparte de las representaciones ideológicas. La investigación etnográfica evidencia la influencia parcial y variable del modelo normativo en las prácticas de los hogares rurales. Hasta hoy día, las estrategias de vida basadas en la actividad agropecuaria familiar, las ecologías costeras y ribereñas, la agroforestería, entre otras, se rigen solo parcialmente por lógicas de producción que están divorciadas de la reproducción.

La mirada histórica revela cómo la diseminación de ciertos modelos de género durante la segunda mitad del siglo XX, a través de las tecnologías de planificación estatal y de desarrollo internacional, afectó los modos de vida y las vidas íntimas de la población, inclusive en los territorios más remotos. En muchas comunidades andinas, por ejemplo, donde durante siglos las mujeres habían arreado camélidos y ovinos en pasturas de alta montaña, se comenzaron a adoptar nuevos patrones espacio-temporales a partir de los cuales ellas quedaron más cerca de la casa y empezaron a invertir más tiempo en el trabajo doméstico. Así, para estas comunidades es relativamente reciente la creencia de que el lugar de las mujeres es "naturalmente" el hogar, y de que son los hombres quienes "nacen" para trabajar en los espacios lejanos y peligrosos.

El poder de género se ejerce a través de procesos ideológicos tan fuertes que, a pesar de las abrumadoras evidencias de diversidad y de cambio, logran representar a las tradiciones histórica y geográficamente específicas como si fueran hechos universales e inmutables. En estos procesos, los roles y las relaciones sociales se interiorizan a tal punto que se percibe, incluso se siente de un modo visceral, que son "naturales". La creencia de que los estilos de vida actuales están determinados por la biología o por

Dios tiene tal fuerza que paraliza la acción humana y frena la iniciativa que intente crear sistemas más satisfactorios.

La globalización: cambios institucionales y conceptuales

Si bien los factores internacionales han influido en los procesos de cambio social durante siglos, las últimas décadas (desde 1980) están marcadas por la penetración del capital, la producción, la gente y las ideas, que cruzan todo tipo de fronteras. Enmarcados por procesos conocidos genéricamente como "globalización", los territorios rurales han sido afectados, de maneras diversas, por la inversión extranjera, por la migración, por las nuevas propuestas conceptuales sobre gobernanza política y ambiental, entre otros factores. El género ha jugado un papel decisivo en los mecanismos económicos y políticos que impulsan esta globalización; también en los flujos de ideas, imágenes y discursos que actúan para globalizar ciertos modelos sociales e imaginarios culturales.

Durante las décadas de 1980 y 1990, el aumento de la desigualdad de los ingresos (medido con el índice Gini) marcó a la mayoría de los países de América Latina, en muchos casos acompañado de un incremento de la pobreza. Pero el nuevo milenio trajo un cambio remarcable: la desigualdad ha comenzado a disminuir en 13 países latinoamericanos; el coeficiente de Gini de toda la región se redujo ligeramente de un promedio de 0,529 en 2000 a 0,509 en 2009, mientras las desigualdades siguieron creciendo en otras regiones del mundo (Lustig, López-Calva y Ortiz-Juárez 2011, 2). Esta nueva tendencia alentadora amerita que en futuras investigaciones se continúe indagando acerca de cómo determinados factores de género, operando en varias escalas, han contribuido a los cambios que promueven una mayor igualdad socioeconómica, y cómo han sido afectados por estos.

A la vez, reconocemos que la expansión de la globalización económica de las últimas décadas, tanto en América Latina como en otras partes del mundo, ha sido impulsada por estrategias que aprovechan no solo las inequidades socioeconómicas, sino también las geográficas y de género; estas inequidades se han exacerbado en muchos contextos (Perrons 2004). Los aprendizajes de este período nos empujan a ampliar el análisis de la desigualdad con consideraciones de género y otros ejes de diferencia. Como es observado en Julio A. Berdegué *et al.* (2012, 101):

> En los últimos años comenzamos a ver, en algunos países de la región, una reducción en los índices de Gini de ingreso y en otros indicadores de desigualdad. Algunos especialistas auguran un período largo de reducción de la desigualdad. Puede ser. Pero también hay evidencias de que mientras que algunas desigualdades disminuyen, otras persisten y aun otras parecen estar al alza. Por lo tanto, ya no podemos conformarnos con representar el análisis de la desigualdad a través del Gini o de otros indicadores de la distribución de ingresos. Esto nos parece clave para el diseño de mejores estrategias y políticas de desarrollo territorial, que requieren una adecuada comprensión de los tipos de desigualdades que nos proponemos reducir o eliminar a través de un enfoque espacial del desarrollo.

Acker (2004, 35) identifica ciertos efectos de la globalización en términos de género a nivel mundial, tales como el aumento de la participación de las mujeres y la disminución de la participación de los hombres en el trabajo remunerado. Paralelamente, examina la erosión del empleo a tiempo completo, seguro y con beneficios sociales, asociado a la masculinidad, así como la creación de nuevos puestos de trabajo mal remunerados, temporales o a medio tiempo, inseguros y sin beneficios sociales, identificados

con la feminidad. Prestando atención a la interacción del
género con la creciente desigualdad socioeconómica de
la época, Acker (2004, 35) señala que en muchos países
en los años ochenta y noventa las mujeres de clase media
tuvieron mayores oportunidades de empleo profesional
y administrativo, con lo cual han contribuido al aumento
de los ingresos de sus familias; simultáneamente, se han
exacerbado las diferencias de clase entre las mujeres.

Acker (2004, 17) plantea cuatro formas en las cuales
los mecanismos e ideologías de género han servido a la
globalización económica: 1) la separación entre la producción mercantil y la reproducción humana; 2) el rechazo de
las empresas de asumir responsabilidades sobre la reproducción; 3) el poder de las masculinidades hegemónicas;
y 4) el uso instrumental de la organización y la ideología
de género en beneficio del capital. Este último aspecto es
elaborado por Selwyn (2010, 66):

> El género ha sido un recurso para la globalización de las
> empresas que buscan nuevas fuentes de mano de obra ba-
> rata. En un país tras otro, las mujeres y a menudo los niños
> han sido incorporados en la producción para el mercado
> mundial y en el trabajo asalariado en las empresas trans-
> nacionales. Aunque este tipo de empleo es a menudo una
> fuente de ingresos bienvenida para las familias pobres,
> muchas investigaciones exponen el alto nivel de explotación.

En cuanto a los desafíos de género y justicia económica,
Gita Sen (2012, 269) cuestiona la eficacia de los esfuerzos
para "incorporar a las mujeres" en el mercado laboral o
en el desarrollo, frente a la necesidad para transformar los
sistemas injustos: "El problema de las mujeres no es tanto
que se quedan al margen de la economía oficial, sino que
estén incluidas en la parte inferior de un sistema profundamente jerárquico de producción de riqueza".

Ese período está marcado, también, por la circulación
global de discursos y de instituciones que promueven

los derechos de las mujeres y los grupos LGBTI, como
también de los pueblos indígenas. A través de convenios
internacionales, programas de investigación y proyectos
de desarrollo se han introducido ideas y discursos nuevos
sobre las condiciones y restricciones relacionadas con el
género, referido este casi exclusivamente a las mujeres.
La globalización de estas ideas e iniciativas se realiza a
través de ciertos tipos de redes que vinculan actores, ideas
y acciones dedicadas a tratar determinadas problemáticas,
redes que vienen a ser identificadas como "comunidades
epistémicas".

Si bien los fenómenos económicos de género descritos por Perrons, Selwyn y Acker son visibles en los veinte
territorios rurales estudiados por el programa DTR, en
pocos de esos estudios se identifican coaliciones o acciones
concertadas con el objetivo de promover a las mujeres o los
temas feministas, tampoco de trabajar a favor de cambios
de género.

¿Por qué los discursos globales sobre el género, empleados tan ampliamente por las comunidades epistémicas
y las agencias internacionales, no han motivado la aparición
de coaliciones o movimientos sociales más visibles en los
territorios estudiados? Parte de la respuesta explorada en
este libro radica en las características rurales de estos territorios, las mismas que difieren de los contextos urbanos
y periurbanos en los cuales han surgido y tenido impacto
muchos grupos de mujeres, sus organizaciones y los movimientos feministas. Asimismo, identificamos factores
limitantes en el carácter de los discursos y programas de
género diseminados. Estos procesos han operado, en gran
medida, dentro de la dicotomía hombre-mujer y han otorgado un lugar central a la categoría "mujer", dando lugar a
concepciones e iniciativas que tienden a ocultar las consideraciones masculinas, a impedir el análisis sistémico y así

desalentar la participación de los hombres en iniciativas relacionadas con el género.

De hecho, las personas involucradas en diversos aspectos de nuestra investigación tendían a enfocar las cuestiones de género en las mujeres. Salvo contadas excepciones, ni los hombres ni las mujeres que participaron en nuestro estudio, tanto los investigadores y las investigadoras como quienes residen en los territorios estudiados, abogaron para que se prestara atención a cuestiones de género relacionadas con los hombres. Muy por el contrario, casi todos los interlocutores se sentían cómodos hablando de "temas de mujeres" y mostraron resistencia (más o menos explícita) a que se prestara atención a las condiciones, identidades y desafíos específicos de los hombres.

Los capítulos que siguen son testimonio del esfuerzo para prestar la atención consciente a una gama más amplia de identidades y relaciones de género en juego en los territorios rurales, como también del esfuerzo analítico para construir una mirada más sistémica a los procesos históricos de género.

Capítulo 2. Respuestas territoriales a las tendencias de cambio: entre la adaptación constructiva y la reacción defensiva[5]

This chapter considers evidence from two countries that show different responses to trends presented in the previous chapter. During the past decade relative conditions for women have improved dramatically in Nicaragua, not so in Mexico. Our analysis considers national processes together with those observed in specific territories to explore connections among changes in occupational landscapes, different kinds of coalitions among men, and the mobilization of certain gender discourses and visions. Municipal leaders in Mexico call up conservative gender norms in discourses and practices that effectively exclude women and conquer the solidarity of less powerful men. While men's groups in Nicaragua advocate for new masculine values, and territorial studies reveal positive dynamics by multiple types of households and families, notably those that do not fit within the traditional home controlled by a male head.

---

[5] Deseamos reconocer y agradecer la valiosa participación y contribución de Ligia Gómez y Tomás Rodríguez en la investigación y el análisis con enfoque de género en Nicaragua. Su trabajo publicado en 2011 ha contribuido con ideas e información para construir el análisis expresado en este capítulo. También destacamos la tarea de Jimena Méndez Navarro, Leticia Paredes Guerrero y Rafael Vaisman en la investigación con enfoque de género en el territorio CHAH, y la de Jimena Méndez en la preparación del gráfico para este capítulo y en la revisión de sus versiones anteriores.

Las tendencias regionales se manifiestan en formas distintas y provocan respuestas variadas en los diferentes contextos nacionales y territoriales. Las legislaciones, los mercados y los programas establecidos en cada contexto no solo regulan las conductas y los procesos materiales a través de determinados modelos de género, sino que también otorgan poder y autoridad a ciertas normas e ideologías de género. En el *Global Gender Gap Index*, elaborado por Ricardo Hausmann, Laura Tyson, Yasmina Bekhouche y Saadia Zahidi (2011), los diferentes perfiles de los países apuntan al rol que juegan aspectos políticos y culturales de cada país en la conformación histórica de las condiciones y los condicionantes de género. Aquí consideramos evidencia de dos países, no tan lejos el uno del otro geográficamente, que manifiestan diferentes respuestas a las tendencias presentadas en el capítulo anterior. De hecho, la última década ha sido marcado por una serie de cambios sobresalientes en las condiciones de género en Nicaragua. El *Global Gender Gap Index* de 2006 ubicó a Nicaragua en el puesto 62 del *ranking* de 135 países del mundo en cuanto a las posiciones relativas de las mujeres. En 2012, Nicaragua se ubica en el noveno puesto, siendo el país más equitativo de las Américas, seguido de Cuba, que ocupa el puesto 19, Canadá en el 21 y Estados Unidos en el 22. México cayó en el mismo periodo del puesto 75 al 84.

Dentro de cada país, las características socioecológicas y las dinámicas locales hacen que los movimientos de género tomen formas distintas entre un territorio y otro; junto con el análisis nacional, aquí enfocamos un territorio dentro de cada país. Cada contexto estudiado se caracteriza por impulsos contradictorios que coexisten en tensión. Según los datos del Macizo de Peñas Blancas en Nicaragua, por ejemplo, decidir y trabajar en pareja parece ser una práctica bastante común y una ventaja comparativa en las dinámicas económicas del territorio.

Al mismo tiempo, la distribución de capitales y el apoyo institucional a la producción económica favorecen a los hombres de manera significativa.

Identificamos diferentes coaliciones formadas por diversos hombres: en varias partes de Nicaragua, ellos trabajan explícitamente para construir sistemas de género más positivos para todos; en un territorio en México, la coalición masculina logra canalizar los nuevos recursos y oportunidades solo a los hombres. Los dos procesos son marcados por la movilización de ciertos discursos y visiones de género: las coaliciones en Nicaragua llaman explícitamente a la construcción de nuevas identidades masculinas y de relaciones más equitativas entre hombres y mujeres, y entre unos hombres y otros; los líderes en la política municipal en el territorio mexicano recurren a antiguas normas de género en las prácticas y los discursos con los cuales logran excluir a las mujeres y conquistar la solidaridad de los hombres menos poderosos.

Para analizar estas complejas dinámicas de cambio, nos queda corta la mirada de género convencional, enfocada en el individuo y el hogar. Por lo tanto, conceptualizamos género como un sistema sociocultural que norma, estructura e impregna de significado y poder a los roles, las relaciones y las prácticas humanas, y que influye en el desarrollo, la distribución y el uso de capitales e instituciones. Comenzando con la observación de los actores –definidos como individuos, grupos, redes u organizaciones involucradas en las interacciones relevantes– y prestando atención a su acceso a los capitales económicos, sociales y simbólicos, así como a los usos de estos capitales, analizamos las diversas prácticas y discursos que influyen tanto en los procesos institucionales como en los resultados a nivel territorial.

Hombres contra la violencia en Nicaragua y jefatura compartida en el Macizo de Peñas Blancas

En las huellas dejadas por décadas de conflicto violento, los hombres y las mujeres en América Central se enfrentaban con regímenes de masculinidad sumamente violentos. Es en Nicaragua donde nació la Asociación de Hombres Contra la Violencia que, desde 1993, organiza talleres y actividades como los Encuentros Nacionales de Masculinidades y la Marcha Nacional de Hombres Contra la Violencia. Reconociendo la capacidad para el análisis crítico como uno de los mayores logros de la revolución sandinista, Patrick Welsh (2010, 1) describe cómo esta capacidad motivó a algunos hombres a vincular facetas del trabajo doméstico, la violencia, la salud sexual y reproductiva y otras cuestiones de género al trabajo para la justicia social y el desarrollo humano integral.

En 1993, cuando se puso en marcha Puntos de Encuentro con sede en Managua, el Grupo de Hombres Contra la Violencia rápidamente se convirtió en un punto focal para los hombres a reflexionar sobre su masculinidad y para promover la reflexión con otros hombres a nivel comunitario e institucional. El grupo, que se ha reunido regularmente durante casi diez años, se caracteriza por su heterogeneidad y ha permitido la unión de hombres de diferentes edades, niveles educativos, clases sociales, ideologías políticas, creencias religiosas y preferencias sexuales. El único requisito para participar es el compromiso personal de no usar la violencia contra las mujeres (o los hombres) y de influir en los demás hombres a hacer lo mismo.

También en Nicaragua, Alan Bolt Gonzáles (2003, 18) arguye que el desarrollo de nuevas masculinidades es imprescindible para el desarrollo rural.

No podemos pensar en el desarrollo si no contribuimos decididamente a cambiar las relaciones entre hombres y mujeres en todos los ámbitos de nuestra sociedad (familia,

iglesia, escuela, empresa, partido político, organización gre-
mial, fuerzas armadas, etc.). Y cambiar esa relación significa
cambiar las relaciones de los hombres con los hombres en
cualquier ámbito, particularmente en la familia (relaciones
entre papá e hijo varón), en las organizaciones en general
y particularmente en los partidos políticos y en la administración pública. Evidentemente, también tenemos que
cambiar la relación con nosotros mismos.

Si bien la condición relativa de las nicaragüenses
ha mejorado a nivel nacional, los cambios han sido
irregulares en términos socioespaciales. En las áreas
rurales de Nicaragua, la PEA femenina es solo del 17,1%,
y apenas el 18,9% de los hogares tiene jefatura femenina;
mientras en las áreas urbanas, la PEA femenina es más
del doble (el 41,1%), lo mismo que la proporción de
hogares con jefatura femenina (el 38,3%) (INIDE 2005).
No debe sorprender que las mujeres sean una minoría
en la población rural, pese a que constituyen la mayoría
de la población nacional.

Consideramos los movimientos de género en
Nicaragua a la luz de los elementos seleccionados de
dos estudios sobre el Macizo de Peñas Blancas. Uno es la
investigación territorial realizada por Ligia Gómez, Helle
Munk Ravnborg y Edgard Castillo (2011), la misma que
incluye una encuesta realizada a cuatrocientos hogares
rurales.[6] Otro es un estudio complementario, escrito por
Tomás Rodríguez, Ligia Gómez y Susan Paulson (2011),
en el cual se aplica un prisma de género al análisis de
algunos resultados de la encuesta territorial junto con
otros datos. Este estudio presenta una serie de análisis
cuantitativos que evidencian una distribución desigual de

---

[6]   La encuesta se realizó en 20 comunidades y es representativa de los 5.347
        hogares del territorio; el nivel de confiabilidad es del 95% y el intervalo
        de confianza es del 5%. En 190 hogares entrevistaron al jefe del hogar;
        en 134, a la jefa del hogar, y en 74, a la pareja.

los capitales y de las oportunidades a favor de los hombres. Además, revela que los hombres que residen en el territorio informaron mantener contacto con numerosas instituciones de apoyo a la producción y el desarrollo, mientras que las mujeres señalaron tener poco o ningún contacto con esas instituciones. A la vez, las mujeres –y no los hombres– tienen contacto con los programas que apoyan el bienestar y la reproducción de la población.

En contraste con el panorama discriminatorio de la distribución de capitales que constituye la mayor parte del trabajo de Rodríguez, Gómez y Paulson (2011), aquí enfocamos un aspecto del estudio que muestra la presencia de movimientos alentadores en la decisión y el control del hogar, y apuntamos su rol potencial en la progresiva superación de las limitaciones históricas de género documentados. Analizamos la correlación que tiene cada uno de los tres tipos de hogares del territorio –los que se identifican como hogares dirigidos por hombres, los dirigidos por mujeres y los dirigidos por parejas– con los tres cambios que Gómez, Ravnborg y Castillo (2011) consideran los más importantes del territorio: en la estructura de tenencia de la tierra, en el manejo del cultivo del café y en la diversificación productiva. Los resultados revelan que los hogares dirigidos por una pareja tienen un mejor desempeño que los liderados por un hombre "jefe"; también evidencian que los hogares dirigidos solo por mujeres participan activamente en las dinámicas productivas. Tomados en conjunto, estos resultados muestran el dinamismo y el desempeño positivo de múltiples tipos de hogares y familias, sobre todo los que no caben dentro del patrón dominante del hogar tradicional dirigido por un jefe masculino (para datos similares, ver Jelin 2010).

El Macizo de Peñas Blancas: un territorio en movimiento económico, poblacional e institucional

En la década de 1990, los altos precios de café motivaron a los cafetaleros de Macizo de Peñas Blancas a intensificar el área sembrada en sus plantaciones o a establecer nuevos sembríos. El *boom* del café facilitó la participación de los pequeños productores, así como la inmigración de mano de obra, lo que contribuyó a un crecimiento poblacional del 7% anual, entre 1995 y 2005 (INEC 1995; INIDE 2005). Al final del siglo, la caída de los precios del café desató un período de crisis. En las líneas de tiempo construidas por quienes residen en el territorio, aparece en esta época una serie de años marcados por los tiempos de cosecha y los meses sin cosecha llamados "los tiempos de silencio" (Rodríguez, Gómez y Paulson 2011, 18). Además de la crisis del café, entre los acontecimientos notables de sus vidas figuran la guerra, la nueva infraestructura y ciertos programas de desarrollo llevados a cabo por la cooperación internacional y el gobierno.

Los movimientos poblacionales son impresionantes: solo la mitad de los residentes (el 52%) ha vivido largo tiempo en el territorio, mientras que el 26,6% es recién llegado (Rodríguez, Gómez y Paulson 2011, 19). En los años ochenta, llegaron quienes fueron desplazados por la guerra, así como miembros de los batallones del ejército favorecidos por la reforma agraria. Otros vinieron de las ciudades o de las zonas rurales donde había menos trabajo o más sequía. El hecho de que muchas de las personas que residen en el territorio provengan de diferentes partes del país, junto con la llegada de más personas durante cada temporada de corte del café (época en la que se duplica la población) no solo desafía la cohesión entre los habitantes, sino que además dificulta el control social de las diferentes formas de violencia que sufren tanto los hombres como las mujeres.

Al mismo tiempo, algunos de los residentes en el territorio salen afuera en búsqueda de trabajo. La tabla 9, en el trabajo de Rodríguez, Gómez y Paulson (2011, 20), muestra que entre 2008 y 2010 han salido en búsqueda de trabajo más hombres que mujeres, y especialmente los hombres de los hogares más pobres, quienes se exponen a la soledad, el desamparo, los abusos laborales y a otras formas de violencia asociadas al trabajo migratorio.

De forma paralela a los cambios poblacionales y económicos en el Macizo de Peñas Blancas, se desarrollaron cambios en la gobernanza ambiental. El territorio fue declarado área protegida en 1991, y una década más tarde fue desarrollado un nuevo plan de manejo. Gómez, Ravnborg y Castillo (2011) identifican que el control de la tierra y el agua es una fuente principal de los conflictos en los cuales afloran las desigualdades socioeconómicas y de poder. Con estos movimientos territoriales, ¿cómo se adaptarán, en términos de género, las instituciones que gobiernan el uso y la distribución de la tierra, el agua y otros recursos naturales?

Hogares y territorios en movimiento

Ante la pregunta "¿quién o quiénes dirigen este hogar?", las personas de los cuatrocientos hogares encuestados los caracterizaron según tres patrones: lo dirige un hombre (el 37%), lo dirige una mujer (el 21%), lo dirige una pareja conformada por un hombre y una mujer (el 43 %). Los hogares dirigidos por un hombre tienden a incluir también a una mujer, mientras que la mayoría de los hogares dirigidos por mujeres está conformado por mujeres solas que viven con sus hijas e hijos.

El hecho de que el grupo más grande esté conformado por los hogares en los cuales las personas entrevistadas indicaron que hombre y mujer lo dirigen conjuntamente pone en tela de juicio la supuesta "naturalidad" del hogar dirigido por un jefe. Y los resultados presentados enseguida evidencian que los hogares dirigidos por una pareja tienen un mejor desempeño en las principales dinámicas del territorio en relación con los liderados solo por un hombre o por una mujer.

Tres dinámicas clave marcan el territorio en los últimos veinte años: los cambios en la estructura de tenencia de la tierra y en el mercado de tierras que han permitido la aparición del minifundio; los cambios en el manejo del cultivo del café con la introducción de certificaciones sociales y ambientales que vinculan el productor a mercados donde se pagan precios más altos; y una mayor diversificación productiva orientada a mejorar la seguridad alimentaria para prevenir el tipo de hambruna provocado por la crisis del café. Esos cambios productivos estuvieron acompañados de cambios institucionales como la introducción de nuevas reglas en los procesos de certificación del café, el crecimiento de la presencia institucional relacionada con tal certificación, la introducción del plan de manejo del área protegida y el aumento de la función reguladora de las alcaldías sobre el agua y la tierra. Los aspectos de género que operan en todos estos cambios tienen implicaciones para el territorio.

Estructura de la propiedad de la tierra

Para Gómez, Ravnborg y Castillo (2011, 14), "uno de los cambios estructurales en el territorio tiene que ver con el mercado de la tierra, en particular el establecimiento del minifundio que ha permitido oportunidades a los pequeños productores con y sin tierra, haciendo un territorio receptor de gente". Los testimonios de quienes residen en dicho territorio, recolectados en el documento mencionado,

demuestran que este proceso fue inclusivo para personas de
diferentes condiciones económicas e identidades de género.

> Mis padres, después que trabajaron bastante en esa ha-
> cienda decidieron comprar un pedacito de tierra de ocho
> manzanas y sembraron café. (Mujer de la comunidad La
> Colonia Agrícola).

> Vine a trabajar como cinco o seis años a la hacienda, después
> una familia me ayudó muchísimo, me donó un solar, con la
> liquidación compré tierra y ahora tengo café. (Hombre de
> la comunidad Peñas Blancas).

> Me dieron un solar en cuotas por parte de la alcaldía, antes
> tuve que vivir posando en la cooperativa. (Mujer de la co-
> munidad La Chata).

> En el año 92 logré comprar un cuarto de tierra donde tengo
> mi casita. (Mujer de la comunidad La Chata).

Los hogares dirigidos por mujeres han participado
muy activamente en la compra de tierras: el 41% compró
tierras en los últimos veinte años (Rodríguez, Gómez y
Paulson 2011, 26 y 27). También en este tipo de hogar
es donde hubo menos tendencia a vender las tierras (el
10,8%), mientras que los hogares dirigidos por hombres
fueron los que más frecuentemente las vendieron (el
15,9%). Aunque muchas mujeres jefas de hogar compraron áreas menores a media manzana (básicamente
para vivienda y huerto), también fueron numerosas las
que compraron extensiones mayores, incluso dentro del
rango de 50 a 100 manzanas.

Esos datos y testimonios muestran el gran interés
e iniciativa de las mujeres para acceder a capitales productivos. Asimismo, son un augurio de que, en el futuro,
podría haber una distribución de la tierra más equitativa
por género y entre hogares según tipo de jefatura. Gómez,
Ravnborg y Castillo (2011, 121 y 122) resaltan el hecho
de que los pequeños productores de Peñas Blancas han
logrado comprar tierra, a diferencia de lo que ha sucedido

en otros lugares como en el territorio lechero de Santo Tomás, donde los pequeños propietarios han tenido que venderlas a los grandes o medianos productores (Gómez y Ravnborg 2011). En el Macizo de Peñas Blancas las dinámicas del mercado de tierras que favorecen a los actores menos ricos también parecen favorecer a los hogares dirigidos por mujeres.

El tipo de hogar que accede a más tierras para producir es el de jefatura compartida, seguido del encabezado por un hombre. Sin embargo, el 84,3% de los hogares encabezados por mujeres accede a algo de tierra para producir, y el 61%, a extensiones importantes (véase tabla 12, en Rodríguez, Gómez y Paulson 2011, 26).

En términos de género, los movimientos recientes y la estructura actual de tenencia de la tierra agrícola contrasta marcadamente con las experiencias de apoyo institucional para trabajar estas tierras. Rodríguez, Gómez y Paulson (2011) encuentran que el apoyo de las organizaciones relacionadas a estas dinámicas productivas llega principalmente a los hombres. En un territorio donde las mujeres poseen tierras para cultivar y son muy activas en la compra de este bien, ¿por qué ellas informan tener tan poca relación con las instituciones de apoyo a la producción agrícola? Las conclusiones apuntan al potencial de los diversos hogares para responder, de forma positiva, a políticas e iniciativas que amplíen más las oportunidades y los capitales hacia las mujeres y las parejas en vez de limitarlos a los "jefes de hogar".

El cultivo del café

El auge del café en la década de 1990 fortaleció a las grandes agroexportadoras que contaban con crédito y paquetes tecnológicos intensivos en insumos. La crisis que sobrevino al final de la década dio nacimiento a otras lógicas de producción apoyadas por otro conjunto de instituciones relacionadas con el café certificado ambientalmente amigable. Este cambio conllevó procesos que fortalecieron a los minifundistas más que a los latifundistas. Los pequeños productores ya cultivaban gran parte de su café bajo sombra, lo que junto con una menor escala de producción y la participación directa en la producción les dio una ventaja comparativa en la producción certificada. Los hogares que participan en mayor proporción en la dinámica del café son los dirigidos por parejas (el 68,6%), seguidos por los hogares dirigidos por hombres (el 59,3%). Los hogares dirigidos por mujeres participan menos (el 43,4%) y los que sí participan lo hacen de manera distinta.

Mientras pocos hogares cultivan café sin sombra, la sombra nativa prevalece más en los hogares dirigidos por parejas, mientras los hogares dirigidos por mujeres muestran un mayor peso de la sombra sembrada, principalmente de musáceas y árboles frutales (Rodríguez, Gómez y Paulson 2011, 28). Sembrar frutales y banano para la sombra permite a los hogares evitar el hambre cuando bajan los precios del café, una estrategia que es, aparentemente, más común entre los hogares dirigidos por mujeres. Las estrategias que relacionan la gestión ambiental con las (re)productivas y alimentarias merecen más investigación.

El impacto ambiental del café ha mejorado desde fines de la década de 1990, ya que la mayoría de los productores ha dejado de tirar la pulpa a los ríos o quebradas y deposita las aguas mieles en canales y pozos donde son tratadas. Estos cambios han sido promovidos por el Ministerio de Salud y las certificadoras. Si bien una gran proporción de los tres tipos de hogares los ha incorporado, en los que están dirigidos por mujeres es más grande la proporción de quienes practican un manejo mejorado y el tratamiento de las aguas.

Diversificación productiva

Otro cambio asociado a la crisis del café es la diversificación de cultivos y el desarrollo de actividades complementarias para asegurar la alimentación familiar y conectarse con los mercados locales. En el estudio territorial se encontró que la gente más pobre diversificó menos los cultivos. En términos de género, no debe sorprender que los hogares con menos personas al frente (los dirigidos por un hombre o por una mujer) diversifiquen menos los cultivos, mientras los dirigidos por parejas sean los que producen un mayor número de cultivos. En muchas partes de América Latina se constata que las diferencias de género en los conocimientos y criterios de producción son esenciales para el manejo de sistemas agropecuarios diversificados y resistentes a los cambios ambientales y económicos (Paulson 2005). En el capítulo 6, en este mismo libro, describimos cómo la organización de género interactúa con diferentes estrategias productivas en dos zonas productivas en Ecuador.

Así, en el Macizo de Peñas Blancas, como en otros contextos, la participación diferenciada de hombres y mujeres facilita la producción agropecuaria diversificada. En los hogares dirigidos por mujeres solas, son menores tanto los índices de diversificación agrícola como los de participación laboral. Al restringir las estrategias locales de diversificación, esta situación ayuda a explicar el número desproporcionado de hogares dirigidos por mujeres que residen en las áreas urbanas y no en los territorios rurales de Nicaragua.

Una mayor inclusión y poder de decisión de las mujeres ¿puede beneficiar a los hombres?

No cabe duda de que las extraordinarias experiencias de reflexión y acción sobre las masculinidades por parte de los hombres nicaragüenses cuentan entre los factores contribuyentes al movimiento positivo en la condición relativa de las nicaragüenses a nivel nacional. Y en el territorio del Macizo de Peñas Blancas, ¿qué impactos tienen o tendrán las relaciones más equitativas desarrolladas en el 43% de los hogares? Con respecto a los principales procesos de cambio en el territorio, las estadísticas sugieren que los hogares dirigidos por una pareja participan con más éxito que los dirigidos solo por un hombre o solo por una mujer. Estos resultados refuerzan la evidencia presentada en otros capítulos del libro para refutar el supuesto de que la subordinación y la exclusión de las mujeres son ventajosas para los hombres en general. En las dinámicas examinadas aquí, parece que los hombres que comparten las decisiones y el control del hogar con sus parejas son más dinámicos económicamente que los que no lo comparten. A nivel territorial, parecería que la presencia de hogares coliderados contribuye a las dinámicas positivas.

No tenemos evidencia de que haya habido un reconocimiento explícito de estas sinergias de género en el territorio rural. Pero nuestro análisis de las prácticas y resultados en el Macizo de Peñas Blancas corresponde a la visión expresada por los movimientos de hombres en Nicaragua en sostener que las relaciones de género más equilibradas benefician a todos: a los hombres, a las mujeres y a la sociedad en general.

Nuestro estudio arroja luces prometedoras en la institución familiar. La tipología de hogares muestra que los arreglos entre hombres y mujeres no son homogéneos respecto a las decisiones que toman sobre los activos y su control. Más bien ilustra que coexisten formas de relacionarse más igualitarias con otras menos igualitarias. El 43% de los hogares que dice tener una dirección compartida representa un porcentaje apto para desarrollar normas y prácticas más inclusivas que podrían extenderse a otras áreas de acción.

En contraste, ninguna de las dos investigaciones realizadas en el territorio muestra que haya habido mucha
inclusión de las mujeres en las instituciones que apoyan las
dinámicas de desarrollo productivo; tampoco una inclusión
de los hombres en las iniciativas que apoyan el bienestar y
la reproducción de la población.

Al identificar las oportunidades de una participación
inclusiva dentro de hogares, al contrario de las serias exclusiones de género en el trabajo de importantes agencias
y organizaciones, el presente análisis coincide con el de la
Asociación de Hombres Contra la Violencia en Nicaragua,
cuya escuela de formación propone los cambios personales como base para la construcción de instituciones más
equitativas.[7]

> La escuela de formación a formadores es un espacio de
> formación dirigido a hombres que asuman el compromi-
> so personal, moral y social de trabajar por la construcción
> de una sociedad más justa y equitativa, asumiendo en un
> primer momento el compromiso de hacer ver a las y los
> tomadores de decisión de sus instituciones, organizaciones
> y/o cooperativas, la importancia y la necesidad de incorporar
> el enfoque de género y la implementación de la estrategia
> de trabajo de género con hombres para el cumplimiento de
> los objetivos institucionales trazados, lo que contribuirá a
> la reducción de la violencia y al establecimiento de nuevas
> formas de relacionarse entre hombres y mujeres basadas en
> la justicia, respeto y equidad de género.

---

[7]   "Nicaragua: hombres contra violencia abren escuela de formación",
20 de julio de 2009. Disponible en línea: http://www.sccportal.org/
Quienes-somos/Archivo-noticias.aspx?M=News&PID=1491&News
ID=2798 (consulta: 12 de diciembre de 2012).

Las redes de poder y las exclusiones de género en los Consejos Municipales de Desarrollo Rural Sustentable en Yucatán, México

Ahora consideramos los movimientos en México, donde, desde 2001, mediante una Ley sobre el Desarrollo Rural Sustentable, se intenta promover nuevas formas de gestión que serían más equitativas y más adecuadas para la conservación ambiental. Investigamos los procesos y resultados de la implementación de esa legislación en un territorio que ha vivido cambios importantes para los hombres y para las mujeres, cambios que reflejan las tendencias regionales.

El territorio conformado por cuatro municipios –Cuzamá, Homún, Acanceh y Huhí–, a los que nos referiremos como CHAH, sufrió una crisis de la producción de henequén en la década de 1990, que coincidió con una onda de políticas públicas que privilegian el comercio "libre" internacional reduciendo las regulaciones del Estado, específicamente los subsidios y controles a la producción agrícola. El estudio sobre el territorio realizado por Antonio Yúnez Naude, Leticia Paredes, Jimena Méndez, Ivett Estrada, Alejandra España, Valeria Serrano y Javier Becerril (2011, 5) evidencia los cambios relacionados con la disminución de las actividades agrícolas:

> Ello afectó las lógicas de organización de la sociedad y evidenció un panorama de cambio generacional (...) que marcó un cambio en la acumulación de patrimonios y saberes, en el manejo de capitales, en el establecimiento de nuevas relaciones entre sus actores y en la dinámica de la estructura productiva.

Aquí examinamos la interrelación entre los cambios documentados por Yúnez Naude *et al.* y unos procesos políticos locales que dieron lugar a nuevas exclusiones de género. Con este fin, nos basamos también en un estudio complementario realizado por Leticia Paredes, Rafael Vaisman, Jimena Méndez y Susan Paulson (2011) en el cual se aplicó el enfoque de género. La metodología de estas investigaciones se detalla en Yúnez Naude *et al.* (2011) y en Paredes *et al.* (2011). Estos autores y autoras describen los siguientes instrumentos: la encuesta CHAH 2009 basada en una muestra probabilística y estratificada de 251 hogares; las entrevistas a diversos actores del territorio; los grupos focales mixtos y separados por género, y la observación del trabajo de asesores municipales de los Consejos. Complementamos tales investigaciones con la consulta de la legislación nacional, reglamentos y diagnósticos municipales y otras fuentes.

Se destacan los cambios generacionales ocurridos en el empleo: la mayoría de los hombres mayores son agricultores, mientras que los jóvenes han ingresado a la industria manufacturera y los servicios, donde experimentan nuevas condiciones de masculinidad. Las jóvenes, quienes se han involucrado en el empleo formal mucho más que sus madres, también encaran cambios en las feminidades, las deseadas y las posibles.

La reorganización de las ocupaciones de hombres y mujeres y de sus respectivas identidades contribuye a diferencias generacionales que se exacerban con la intensificación de la migración de adultos jóvenes para trabajar en Mérida, en la Riviera Maya y en diversos centros manufactureros.

Este gran movimiento en el panorama ocupacional y espacial contrasta con una aparente intransigencia en la práctica política. Las nuevas visiones y capitales en juego en este escenario son introducidos por la legislación nacional de Desarrollo Rural Sustentable, cuya implementación, en teoría, contribuiría a que se generen dinámicas rurales que facilitarían el mejoramiento económico de una diversidad de residentes e impulsarían nuevas formas de institucionalidad y participación ciudadana. Nuestro análisis sugiere que, durante los primeros años de funcionamiento de los Consejos encargados de implementar el programa en los municipios, las dinámicas de género en este territorio frustraron el logro de los objetivos de la legislación. Si bien uno de estos objetivos es avanzar hacia la equidad de género y otro es fomentar la participación inclusiva de los habitantes, los datos demuestran que la aplicación ha estado a cargo de un grupo pequeño de hombres quienes apoyaron proyectos que introdujeron nuevos capitales y oportunidades para numerosos hombres y virtualmente nada para las mujeres. Una mirada más cercana revela que los excluidos no son solo mujeres, sino también aquellos hombres que no forman parte de las redes de lealtades y clientelismo que operan a través de los códigos de masculinidad.

¿Cuáles son las fuerzas que motivan esta nueva institucionalización de la exclusión en la toma de decisiones y esta nueva desigualdad en la distribución de los recursos administrados por los Consejos? ¿Cuáles serán los efectos de dichas fuerzas sobre las dinámicas de desarrollo del territorio?

Argumentamos que, por sí solo, ni las transformaciones ocupacionales descritas por Yúnez Naude *et al.* (2011) ni la participación política descrita por Paredes *et al.* (2011) explican las dinámicas que influyen el cambio territorio. El análisis sistémico de género nos motiva a examinar el rol clave que juegan las relaciones y tensiones entre las dos áreas de vida territorial. En un territorio donde los cambios económicos han dificultado el acceso a aspectos fundamentales de la identidad masculina tradicional (el poder que los hombres ejercían sobre los recursos naturales, la labor familiar y su propio trabajo) y donde ahora son empleadas un mayor número de mujeres que en la generación anterior, un factor que subyace al fenómeno descrito aquí puede ser el esfuerzo de ciertos hombres para defender el control masculino en la participación política en intentos de resguardar el control masculino de los recursos productivos.

Territorio en transformación

Durante la segunda mitad del siglo XX, la vida en el territorio giraba en torno al proceso productivo del henequén, combinado con el cultivo de la milpa, principalmente para el consumo familiar. La identificación cultural con la tierra y la agricultura familiar se expresa con frases como las que siguen: "Mi vida es el campo, de allá no me muevo, [voy] todos los días"; "es mi encanto trabajar en el campo, porque todo lo que hago produce y eso me satisface"; "se siente muy bonito comer lo que uno cultiva".

Este panorama se modificó cuando sobrevino la crisis del henequén. Según Yúnez Naude *et al.* (2011, 9), durante la década de 1990 hubo una reorientación de la lógica económica del país y del Estado, que trastocó los conocimientos y saberes heredados, así como la construcción del patrimonio territorial en torno al trabajo de la tierra. Poco a poco fueron apareciendo nuevas opciones de trabajo para la gente joven del territorio junto con nuevos discursos y visiones muy diferentes de las que tuvieron sus padres y abuelos.

En el siguiente gráfico elaborado por Jimena Méndez, se muestran los cambios generacionales ocurridos en un contexto donde trabajar la tierra fue un elemento clave de la masculinidad durante muchas generaciones. Actualmente, la mayoría de hombres mayores de 40 años sigue en el sector primario, pero con ellos son pocos jóvenes; la mayoría de los hombres con menos de 40 años están empleados en la industria manufacturera, la construcción o el sector terciario (servicios, transporte y comercio).

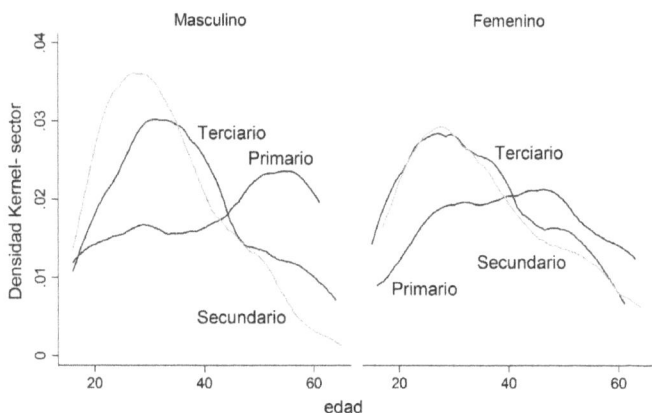

Fuente: Encuesta CHAH 2010.

Un tema poco discutido en relación con las iniciativas gubernamentales para remplazar el modelo monoexportador del henequén es el desafío que enfrentan los jóvenes para construir sus identidades de género en condiciones bastante distintas a las de sus padres y abuelos. Para los jóvenes, es más difícil cumplir expectativas tradicionalmente asociados con la masculinidad, como son la conexión con la tierra y los animales, la administración de los recursos naturales y del trabajo familiar, y el control de su propio trabajo. A la vez, en relación con sus parientes y vecinos mayores, los jóvenes ganan más dinero, hecho que contribuye al incremento de los ingresos de los hogares del territorio. Este cambio fomenta una mayor asociación de la masculinidad exitosa con el dinero y los bienes de consumo, lo que sin duda influye en el significado del desempleo.

En las ocupaciones de las mujeres, las diferencias entre una generación y la siguiente son menos dramáticas en términos de la distribución por sectores, pero constituyen un cambio mucho mayor por la proporción de mujeres que se representan, oficialmente, como trabajadoras. La transición del trabajo informal y no remunerado al empleo formal tiene impactos en las prácticas cotidianas de feminidad y masculinidad, a la vez que presenta desafíos a las normas que rigieron en las generaciones anteriores, especialmente en cuanto al movimiento espacio-temporal de las mujeres y en el control de los ingresos.

En medio de cambios dramáticos en el territorio, donde las nuevas generaciones alcanzan niveles de escolaridad muy superiores a los de sus padres, madres, abuelas y abuelos, se registra un incremento mucho más fuerte en la escolaridad de niñas y mujeres que en los niños y hombres (Yúnez Naude *et al.* 2011, 8). En la población general, la escolaridad promedio de los hombres es más alta que la de las mujeres (5,7 años frente a 4,9), pero la brecha se reduce entre la gente joven hasta invertirse en la población menor de 15 años, donde las niñas muestran mayor escolaridad. El hecho de que el 26% de las mujeres encuestadas se representen como estudiantes, frente al 23% de los hombres, sugiere que se ha producido un cambio generacional que coincide con un fenómeno presente en todos los países de América Latina: el mayor número de mujeres que de hombres matriculadas y graduadas de la instrucción media y universitaria.

La identificación étnica influye en las normas y prácticas de género, en la construcción y la experiencia de las feminidades y las masculinidades, así como en la jerarquización de las diferentes expresiones. No cabe duda de que estas conexiones impactan en las dinámicas del territorio CHAH, donde casi la mitad de quienes allí residen se identifica como indígena. Inclusive las estadísticas básicas evidencian las interacciones entre el género y la identificación étnica: la proporción de personas entrevistadas que manifestaron ser hablantes de la lengua maya es mayor entre las mujeres (el 47%) que entre los hombres (el 44%). Al contrario, el 47% de hombres se autodefinió como maya frente al 43% de mujeres (Paredes *et al.* 2011, 8). Las interacciones entre los sistemas etnorraciales, los de clase y los de género, específicamente dentro de las redes masculinas, requieren una atención cuidadosa que esperamos desarrollar en otros estudios para poder, así, enriquecer la comprensión de estas dimensiones.

En la pirámide demográfica del territorio según edad y género (Paredes *et al.* 2011, 7), se constata el mayor número de hombres en los cohortes entre 15 y 30 años y entre las personas mayores de 60 años. Esto llama la atención ya que la relación de masculinidad en la población nacional es de 97 varones por cada 100 mujeres y la expectativa de vida de ellos es 70 años y la de ellas 76 años. Un balance demográfico territorial a favor de los hombres, especialmente entre los adultos, tiene particular importancia en la dinámica (re)productiva y social.

Procesos políticos y visiones de desarrollo en los campos de poder en el territorio CHAH

La Ley de Desarrollo Rural Sustentable (LDRS) de 2001 establece en el Artículo 1 los siguientes objetivos, entre otros: promover el desarrollo rural sustentable del país, propiciar un medio ambiente adecuado y garantizar la rectoría del Estado y su papel en la promoción de la equidad. La legislación crea un Consejo Mexicano de Desarrollo

Rural Sustentable y consejos estatales, distritales y municipales como órganos consultivos para planear, coordinar y fomentar las iniciativas municipales. Asimismo, establece un presupuesto para apoyar iniciativas socioeconómicas y ambientales de las personas que residen en los municipios.

El manejo de género en la Ley es caracterizado por una falta de consistencia que permite una diversidad de interpretaciones e implementaciones en los municipios. Si bien un objetivo general es la "promoción de equidad" y se menciona específicamente "la equidad de género", dos aspectos merecen ser resaltados.

El primero es la ausencia de mención de género en relación con la conformación de los órganos consultivos y la participación en ellos, proceso diseñado explícitamente para ser diverso e inclusivo.

El segundo es la falta de mención de género en relación con las "actividades económicas", la "infraestructura y el equipamiento comunitario", la "promoción del empleo productivo" u otras materias mencionadas en relación con el desarrollo rural. Más bien, la legislación solo se asocia al género con la protección de las personas discapacitadas, enfermas y ancianas. En el Artículo 15, donde se establece la creación de los CMDRS, se menciona al género en una de las 18 materias fomentadas: "Equidad de género, la protección de la familia, el impulso a los programas de la mujer, los jóvenes, la protección de los grupos vulnerables, en especial niños, discapacitados, personas con enfermedades terminales y de la tercera edad en las comunidades rurales". Así que la legislación no explicita que el objetivo de equidad de género se aplica para que las oportunidades políticas y económicas sean equitativas entre hombres mujeres en las actividades de desarrollo, sino se refiere a alguna protección garantizada a personas vulnerables.

Esa visión dicotómica en la que el género se asocia a mujeres y vulnerabilidades, separado de lo que se refiere

a actividades productivas, hace eco de la orientación de
género que subyace en las transferencias gubernamentales
no asociadas a la LDRS. La encuesta territorial indica que
los hombres son los principales beneficiarios de los programas cuyo énfasis está puesto en los aspectos productivos,
como Procampo, mientras que las mujeres constituyen el
96% de las personas que reciben apoyo de los programas
asociados a los temas de educación, nutrición y salud, como
el programa Oportunidades. De esta forma, los mensajes
comunicados por las agencias y las iniciativas extraterritoriales, y particularmente el divorcio que expresan entre
la producción y la reproducción y su polarización por
género, influyen en las visiones y respuestas locales a los
procesos históricos.

En la Ley arriba mencionada se describe a los CMDRS
como mecanismos para fomentar las actividades productivas vía la planificación participativa desde las bases. La
diversidad de actores que deberían participar (presidentes
municipales, representantes municipales, funcionarios de
las entidades federativas, representantes de las organizaciones sociales y privadas), junto con las personas elegidas
para desempeñarse como consejeros y consejeras, abre la
posibilidad de forjar coaliciones heterogéneas y de promover dinámicas territoriales incluyentes.

Sin embargo, en los registros de 2009, el 78% de los 71
miembros en CHAH eran hombres (véase el cuadro 4 en
Paredes *et al.* 2011). En el mismo cuadro se evidencia que
las mujeres representan, principalmente, a las temáticas de
educación, cultura y deportes, mientras que los hombres
copan todas las agrícolas y ganaderas. Hombres y mujeres
comparten la representación en el comercio y los servicios,
en la maquila y en las artesanías. La participación de ambos géneros en las funciones gubernamentales es notable;
envía un mensaje clave a quienes residen en el territorio,
que con el tiempo influirá en sus expectativas de género.

El predominio de figuras masculinas en las posiciones claves de asesor municipal, presidente del Consejo y representante del Servicio de Información Agroalimentaria y Pesquera (Sagarpa) refleja las características y funciones de las redes sociopolíticas en las que operan los CDRS, y también influye en aquellas. Uno de los asesores municipales motivó a normas conservadoras de género para sostener que la ausencia de asesoras se debe, principalmente, a conflictos entre las características del trabajo y las normas de feminidad. Quienes desempeñan esos cargos deben permanecer en los municipios largas horas y, en ciertas ocasiones, pernoctar allí, cuestión que, según dicho funcionario, "no entra en la capacidad de las mujeres".

La solidaridad masculina en el ejercicio del capital social y la distribución de oportunidades económicas

Lo manifestado en las entrevistas y en los grupos focales, descritos en Paredes *et al.* (2011), ilumina ciertas dinámicas de poder y género en las redes sociales, que influyen en la implementación de la Ley. Esta estipula que las convocatorias de integración sean públicas. Sin embargo, algunos funcionarios municipales describieron una práctica paralela en la que "los presidentes ya tienen predeterminados quiénes van a ser los consejeros". Las juntas de los CMDRS también deberían ser convocadas por las autoridades municipales con el objetivo de discutir públicamente las propuestas dirigidas a beneficiar a la población, lo que no necesariamente se cumple. Una práctica que describieron varias personas, entre ellas consejeros, es que algunos consejeros ni siquiera asisten a las reuniones convocadas; posteriormente se les envían las actas para que las firmen. Por lo tanto, el hecho de que las actas estén firmadas no necesariamente implica que hubo participación y discusión en las reuniones antes de aprobar los proyectos, situación que varios funcionarios entrevistados relacionaron con la baja participación, tanto de hombres como de mujeres, en las juntas.

Personas entrevistadas manifestaron que los Consejos tienden a apoyar aquellos proyectos que han sido solicitados por el presidente y elaborados por ciertos asesores. Otros mencionaron el juego de favores políticos prestados en época de elección, los cuales se pagan con un cargo en el CMDRS o con proyectos. Uno de los funcionarios municipales entrevistados señaló que los asesores de los CMDRS tienden a hacer lo que el presidente pide para no poner en riesgo sus cargos.

Sin pretender comprobar la existencia de prácticas específicas en CHAH, identificamos la necesidad de estudiar, desde un punto de vista de género, la acumulación y el ejercicio de los capitales social y político en las redes de lealtad masculina. Prácticas como las mencionadas, en las cuales se combina el cumplimiento formal de la ley con el ejercicio del nepotismo y los favores, contribuirían a que se excluya de la representación y decisión política tanto a los hombres que no están conectados con los líderes políticos como a las mujeres que están virtualmente ausentes del proceso. Estas consideraciones sobre los procesos democráticos son vitales a nivel nacional en México, donde solo el 38% de las personas dice confiar en sus instituciones políticas, porcentaje mucho más bajo que el promedio de la Organización para la Cooperación y el Desarrollo (OCDE), del 56%, y la tasa más baja en la OCDE.[8]

Los Consejos asignan los recursos financieros provenientes de distintas fuentes estatales, federales

---

[8]   OECD Better Life Index. Disponible en línea: http://www.oecdbetter-
        lifeindex.org/countries/mexico/

y municipales. En el cuadro 5 de Paredes *et al.* (2011), resumimos las nueve iniciativas más importantes finan- ciadas por los CMDRS en el territorio CHAH, a partir de la base de datos de los comités en 2009, identificando a líderes e integrantes de cada iniciativa según género. Los datos demuestran que el apoyo se extiende a numerosos hombres y a pocas mujeres. Si bien la legislación tiene como objetivo la equidad, su implementación en este caso introduce nuevas desigualdades en términos de género.

Las prácticas mediante las cuales un grupo pequeño de hombres financia proyectos enfocados en la creación de trabajos para otros hombres funcionan para crear la lealtad de los segundos y para fortalecer, así, el poder po- lítico de los primeros. Su manera de funcionar crea iden- tificación masculina y solidaridad entre los hombres de mayor y menor poder. En los dos proyectos más grandes, el del parador turístico (43 personas) y el de los tricitaxis (30 personas), solo se benefician hombres. La iniciativa de los tricitaxis provino de una autoridad municipal de Homún, quien, de acuerdo con la información recogida, distribuyó tricitaxis a 30 hombres que comenzaron a trabajar de taxistas. Algunas mujeres entrevistadas en un grupo focal en Homún dijeron que desearían obte- ner tricitaxis, oportunidad que las autoridades les han negado usando como justificación una vaga referencia a las normas de CDI y Sagarpa en las que, supuestamen- te, se prohíbe participar a las mujeres "por motivos de seguridad". Aunque esta norma no pudo ser identificada en forma escrita, su expresión verbal refleja el supuesto de que es beneficioso negar a las mujeres la oportuni- dad económica y también que es aceptable arriesgar la seguridad de los hombres o, más específicamente, de cierto grupo de hombres.

Desigualdades entre los hombres y la defensa de los espacios masculinos

En el territorio CHAH, ciertos significados y expectativas de género parecen haber sido motivados tanto para limitar la participación femenina en los espacios públicos donde se toman decisiones como para respaldar las jerarquías masculinas, a través de las cuales algunos hombres ejercen un poder desproporcionado sobre otros. El análisis de las masculinidades hegemónicas, conceptualizado por Connell (2005) y otros como un complemento primordial del análisis feminista del poder, nos lleva a una investigación crítica de las relaciones de poder entre las diferentes masculinidades en juego.

En un territorio donde los cambios dramáticos en el perfil ocupacional dificultan el acceso de ciertos hombres a aspectos fundamentales de la identidad masculina tradicional, la promoción de proyectos que ofrecen a estos hombres oportunidades de trabajo asociadas a la masculinidad es una estrategia efectiva, por parte de los hombres que lideran en el territorio, para adquirir la lealtad de otros hombres. El material sugiere que la construcción de alianzas entre hombres con desiguales cuotas de poder y capital se apoya en significados de la masculinidad, expresado no solo en la priorización del trabajo para ellos (no para ellas) sino también en la defensa de los espacios públicos contra la incursión de mujeres.

Un asesor que lamentó, públicamente, que las mujeres estén marginadas del espacio público de decisión también dijo que "es mejor que mi esposa se quede en casa porque así se evitan los conflictos que pueden generarse cuando [una mujer] asiste a las juntas". Otro asesor justificó la falta de apoyo a iniciativas que beneficien a las mujeres diciendo que los "proyectos destinados a las mujeres normalmente no son satisfechos, porque sus maridos toman el dominio del fondo e invierten en otros tipos de actividades" (Paredes *et al.* 2011, 16). Independientemente del grado de veracidad de estas declaraciones sobre las dinámicas privadas, con su repetición pública se justifica la exclusión de mujeres del espacio político y del acceso a los fondos públicos. También se refuerza la imagen del hombre como el que debe controlar las decisiones y los recursos en el territorio, una imagen amenazada por las tendencias históricas en marcha.

Los esfuerzos para excluir a las mujeres de aquellos espacios convencionalmente masculinos pueden ayudar a construir o mantener la solidaridad entre hombres, a pesar de las relaciones desiguales de poder que subordinan unos hombres a otros. Este factor parece especialmente importante en un contexto donde la mayoría de los hombres ya no comparte los intereses y actividades asociadas al rol masculino tradicional en la producción agrícola. El análisis sugiere que merece prestarse más atención al ejercicio de las masculinidades jerárquicas en el campo de la representación y decisión política, ya que puede servir para marginar a ciertos hombres de los procesos de decisión y poder y, a la vez, lograr que los subordinados sigan apoyando y defendiendo los regímenes dominantes de masculinidad a pesar de las limitaciones que les puede causar.

En un país heterogéneo como México, los procesos nacionales tienen expresiones variadas en los territorios. Los fenómenos observados en CHAH se interrelacionan con las características del escenario nacional: en México, el 44% de las mujeres tiene puesto de trabajo, un porcentaje mucho menor que el del empleo de los hombres (el 78%); una diferencia de género del 34% muy superior a la media de la OCDE (el 13%).[9] Las acciones para excluir a

---

[9]   OECD Better Life Index. Disponible en línea: http://www.oecdbetter-lifeindex.org/countries/mexico/

las mujeres de las oportunidades de trabajo en el CHAH
también pueden relacionarse con la asombrosa onda de
violencia contra las mujeres que salen de sus casas o de sus
comunidades para trabajar en las maquilas en otras partes
de México. La prensa internacional a menudo presenta la
onda de "femicidios" como una reacción de los hombres
en defensa de un *statu quo* de dominación masculina, lo
que es sin duda parte de la dinámica. Casi sin excepción,
estos discursos ignoran el hecho de que los mexicanos no
gozan de privilegios de género en relación con la violencia;
tampoco analizan el peso del régimen violento de masculinidad que soportan los hombres. A pesar de los miles de
femicidios cometidos en México, los hombres son nueve
veces más propensos a ser víctimas de asesinato que las
mujeres: la tasa de homicidios para los hombres es 34,7
asesinatos por cada 100.000 habitantes, comparada con 3,8
para las mujeres. Este desbalance extremo en perjuicio de
los hombres se ubica dentro de una tasa de homicidios en
México que se ha incrementado de 7 en 2002 a 19 en 2012,
muy por encima del promedio de la OCDE (de 2,1) y de
la más alta de la OCDE.[10] Nuestro análisis plantea dudas
acerca del interés de los hombres por defender un sistema
de género que motive una violencia tan extrema, y cada
vez mayor, contra los hombres.

Tendencias generales, respuestas variadas

En el territorio de Macizo de Peñas Blancas, decidir y
trabajar conjuntamente, asumiendo diferentes roles, capacidades y conocimientos, parece ser una ventaja comparativa. Las tendencias de practicar un liderazgo compartido

---

[10]   OECD Better Life Index Disponible en línea: http://www.oecdbetterli-
        feindex.org/countries/mexico/

dentro de estos hogares rurales son parte del panorama en el que Nicaragua emerge como el país más equitativo de las Américas en términos de género. También pueden ser una fuerza positiva en la evolución futura de las prácticas y visiones de la población, lo cual posibilitaría impulsar cambios en otros espacios.

En el territorio de CHAH, la exclusión de las mujeres de los procesos políticos y de las oportunidades y capitales económicos es parte de un panorama nacional caracterizado por niveles de trabajo remunerado relativamente bajos entre las mujeres y niveles de violencia extraordinariamente altos contra los hombres. La exclusión de mujeres parece funcionar como una estrategia de solidaridad masculina, una estrategia que podría generar tensiones crecientes en un contexto donde las jóvenes están entrando, con fuerza, en el mercado laboral, y donde a través de la legislación mexicana y de los discursos internacionales se está empujando la participación femenina en los espacios económicos y políticos.

En los dos casos, la configuración socioespacial caracterizada por una mayor concentración de hombres en los territorios rurales y una mayor concentración de mujeres en las áreas urbanas genera preguntas sobre la sostenibilidad de aquellas sociedades rurales que no ofrecen opciones de vida suficientemente atractivas para retener a las jóvenes. Puede indicar que existen procesos de migración de las mujeres hacia las ciudades, acompañados de la masculinización de la población rural, fenómenos documentados para la región en general (Jaspers-Faijer *et al.* 2012, 15) que exploramos en el capítulo 9.

En el análisis desplegado en este capítulo se destaca el poder de las coaliciones que promuevan ciertos discursos y prácticas de género, junto con otras visiones y posturas que influirán en las vidas forjadas por las próximas generaciones. La presencia de coaliciones y esfuerzos por

parte de los hombres –en unos contextos, para adaptar
las identidades masculinas y las relaciones de género y,
en otros, para reaccionar en contra de ciertos cambios
de género– son fuerzas que influirán sobre las dinámicas. Las notables manifestaciones de resistencia contra
ciertos cambios vividos por las mujeres en muchas partes
del mundo al fin del siglo XX se han interpretado como
una reacción conservadora (Faludi 2006). En este libro,
complementamos tal punto de vista prestando atención
también a los discursos dominantes que limitan el potencial de los hombres y de las mujeres para considerar
que el género es un asunto que puede mejorar las condiciones de todos.

CAPÍTULO 3. CONCEPTUALIZANDO EL SISTEMA DE GÉNERO Y EL TERRITORIO[11]

The theoretical framework presented here helps to launch a new era of gender studies that integrate critical approaches to men and masculinity with long-evolving work on women and the feminine. This systemic approach encourages attention to all gender identities, considering how different roles and resources associated with these identities interact with gendered institutions in historical processes playing out on various geographical scales. Options are explored for thinking about gender on the sub-national scale of "territory", conceptualized as a socio-geographical space defined by power relations between groups and individuals asymmetrically differentiated by class, ethnicity and gender, and shaped by dynamics of synergy and conflict that work to transform biophysical features of the territory. Beyond tracking the effects of territorial changes on the lives of women and men, the approach focuses on how gender systems condition historical processes through their influence on the forms these processes take and the impacts they make, particularly in terms of income and resource distribution and environmental changes.

---

[11] Deseamos reconocer y agradecer la valiosa participación de las siguientes personas en las discusiones que enriquecieron este capítulo: Julio A. Berdegué, Holly Buck, Geannine Chabaneix, Pablo Ospina, Jenica Frisque, Félix Modrego, Diana Mulinari, Bruno Portillo, María Andrea Nardi, Kerstin Sandell y Rafael Vaisman.

En este capítulo presentamos una nueva manera de conceptualizar género y territorio como fenómenos interdependientes que varían con el tiempo y a través de los contextos. Las tendencias regionales identificadas en el primer capítulo no se manifiestan de la misma forma en todos los espacios socioecológicos. Cada uno de los territorios analizados se caracteriza por distintos modos de producción, estilos de vida y configuraciones de género que coevolucionan mediante un diálogo histórico entre las realidades y tradiciones locales, por un lado, y las fuerzas y representaciones nacionales y globales, por el otro. El marco del análisis que se despliega en este libro vincula las investigaciones realizadas a varias escalas geográficas y en múltiples sitios, permitiendo evidenciar la interacción de los procesos nacionales e internacionales con las características y visiones que se desarrollan en campos sociogeográficos determinados (Paulson y Gezon 2005; Rocheleau, Thomas-Slayter y Wangari 1996).

En tanto sistema sociocultural que organiza la percepción y la práctica de los actores, junto con la distribución y aplicación de capitales, el *género* da sentido y poder a una diversidad de actividades, conocimientos y visiones. En interacción con los sistemas productivos, el parentesco y otras instituciones socioculturales, estas manifestaciones de género juegan un rol importante en las dinámicas de cambio territorial que intentamos entender. Subrayamos que la influencia del género en los procesos históricos no es necesariamente buena ni mala; puede determinar tanto colaboraciones y complementariedades como exclusiones y explotaciones.

Usado como categoría de investigación, el sistema de género nos ayuda a identificar y relacionar un conjunto de fenómenos empíricos en cada territorio. Como marco analítico nos sirve para interpretar y comparar las configuraciones de creencias y expectativas culturales relacionadas simbólicamente con el sexo y la sexualidad, así como las prácticas y expresiones materiales correspondientes. De esta forma el género dilucida la estructuración y la dinámica física y simbólica de cada territorio.

El género: un sistema sociocultural
con expresión espacio-temporal

Durante varias décadas de investigación y desarrollo de teorías, los diversos fenómenos reconocidos en conexión con el "género" han sido conceptualizados como roles, relaciones, identidades, restricciones, instituciones, regímenes, normas, entre otros. Cada perspectiva desarrollada tiene diferentes supuestos e implicaciones, todos importantes por diferentes razones. En nuestro estudio, conceptualizamos el género como un sistema sociocultural que estructura e impregna de significado y poder a las prácticas y relaciones humanas, y que influye en el desarrollo institucional, así como en la distribución y uso de diferentes tipos de capitales. En este marco, el género funciona como un sistema semiótico que conecta los diversos elementos de tal manera que, para la comunidad que los interpreta, tienen un significado y una valoración simbólicamente relacionada con el sexo y la sexualidad.

La principal característica de un sistema semiótico es que los diversos elementos cobran funcionalidad y significado a través de la relación que mantienen entre sí, dentro de un marco lógico compartido por quienes conforman la comunidad que los interpreta. La lógica de género puede, por ejemplo, definir como "hombre" a quien posea ciertas características marcadas como "no mujer", con lo cual se vuelve impropio que un hombre realice prácticas codificadas en el sistema como propias de la mujer. En la misma lógica, un "hombre de verdad" puede ser definido por las actividades y cualidades codificadas como "no mariconas", mientras "una mujer correcta" puede ser definida como tal cuanto más se aleje de los comportamientos codificados como los de una "puta" o una "marimacho".

Los sistemas de género conocidos en el mundo funcionan bajo diferentes lógicas y categorías; no siempre son binarios ni jerárquicos como el que actualmente domina en las sociedades estudiadas. Lugones (2008, 19) arguye:

> La organización social en términos de género no tiene por qué ser heterosexual o patriarcal. El que no tiene por qué serlo es una cuestión histórica. Entender los rasgos históricamente específicos de la organización del género en el sistema moderno/colonial de género (dimorfismo biológico, organización patriarcal y heterosexual de las relaciones sociales) es central a una comprensión de la organización diferencial del género.

Dentro de cualquier sistema, las identidades de género son mutuamente constituyentes, de tal forma que los cambios en ciertos aspectos impactan en otros, causando tensiones y reajustes. Por ejemplo, si la masculinidad se asocia con el trabajo remunerado y la feminidad con las tareas no remuneradas del hogar, la incorporación de las mujeres al trabajo remunerado introduce cambios, no solo en el significado de "mujer", sino también en el de "hombre". Así, no es posible entender el género observando solo un grupo de identidad o una parte del sistema.

La dimensión institucional de género, bien conceptualizada por Patricia Martin (2004), funciona a través de juegos duraderos de expectativas, normas y prácticas que adquieren significado y poder en un determinado sistema. La institucionalidad de género interactúa con otras instituciones socioculturales, como son la clase socioeconómica, la raza y etnicidad, el parentesco, la tenencia de tierra, los mercados, la gobernanza y la educación. Internalizada por los actores en diferentes posiciones de género, y expresada en sus acciones y relaciones, esta institucionalidad produce manifestaciones materiales en el paisaje, la arquitectura, la infraestructura y el ambiente que son también parte del sistema de género.

En una síntesis de las investigaciones sobre DTR, Berdegué *et al.* (2012) identifican ciertas estructuras e instituciones, activamente promovidas y reproducidas por los actores sociales, como factores clave de la enorme desigualdad evidente en todos los países estudiados. A la vez, sostienen que también encontraron evidencias de que determinadas dinámicas territoriales pueden provocar la transformación o modificación de las estructuras institucionales, y así cambiar la trayectoria de desarrollo adoptada y quebrar las inercias históricas.

Las lecciones aprendidas en los pocos territorios que han podido evadir o salir de las trampas localizadas de pobreza e inequidad a través de cambios institucionales apuntan a dos fuentes de cambio endógeno: las fricciones y contradicciones entre distintas instituciones coexistentes, y las tensiones entre diversas interpretaciones de estas instituciones. Un ejemplo de la primera se expresa en la fricción entre las normas asociadas a la institución familiar que pueden privilegiar el papel de las mujeres en la reproducción del hogar y las demandas de la institución del mercado que puede presionar, en el mismo momento, una incorporación de las mujeres al trabajo remunerado. Expresiones de la segunda se ven en las tensiones generadas entre las cambiantes expectativas de género expresadas por ciertos actores y las convenciones de género defendidas por otros. Para concretar el potencial de cambio constructivo presente en los dos tipos de tensiones institucionales, Berdegué *et al.* (2012) subrayan la importancia de la acción colectiva, que se expresa en grupos de interés, movimientos sociales, comunidades epistémicas o –en el mejor de

los casos– en coaliciones sociales integradas por diversos
tipos de actores.

Las investigaciones del DTR documentan abundante
evidencia de las tensiones entre las configuraciones de
género en diferentes instituciones; también entre las interpretaciones y expectativas de género por parte de los
actores diferenciados dentro de cada institución. ¿Por qué,
entonces, no han podido observar que la conciencia y las
cuestiones de género juegan un rol visible en la motivación
de las coaliciones o los movimientos? Observamos en el
primer capítulo que la aparente ausencia de movilización
alrededor de temas de género en los territorios tiene que
ver con las realidades rurales, también con la conceptualización dominante de género. ¿Podemos conceptualizar
género de forma tal que pueda ser usado mejor en sinergia
con las dinámicas territoriales rurales?

El territorio: espacio sociogeográfico en movimiento

Conceptualizamos "territorio" como un espacio socio-
geográfico definido por relaciones de poder entre grupos
e individuos, asimétricamente diferenciados por clase,
etnia y género, y por las dinámicas de sinergias y conflictos,
oportunidades e inequidades, entre estos diferentes grupos sociales (Nardi 2011; Manzanal, Arzeno y Nardi 2011;
Raffestin 1993; Schejtman y Berdegué 2007). La noción de
territorialidad resalta las diferentes formas de entender y
utilizar los recursos y de organizar las sociedades en los
espacios biofísicos.

Los conceptos de territorio y territorialidad han adquirido cada vez mayor importancia en América Latina desde
la década de 1980, motivada tanto por el desarrollo de
políticas centradas en actores y en actividades localizadas
en determinados espacios socioecológicos como por las

nuevas modalidades del capital para acceder y apropiarse de los recursos naturales en esos espacios (Svampa 2008, 77). Analistas con una perspectiva marxista han explorado cómo varían los territorios según los modos de producción y, al mismo tiempo, cómo la organización socioespacial de los territorios funciona como fuerza productiva en sí misma (Lefebvre 1991 [1974]).

Para Jaspers-Faijer *et al.* (2012, 15), "la noción básica de territorio empleada corresponderá principalmente a espacios subnacionales en los que se asienta la población y entre los cuales se registran intercambios de población". A continuación, los autores identifican componentes que son clave en las interrelaciones de la población, el territorio y el desarrollo sostenible, como son el posicionamiento, la conectividad y la identidad. Entre las características geográficas, se encuentran el clima, la orografía, la hidrografía, la topografía, la calidad del suelo, el régimen de vientos y su base de recursos naturales. También se considera la acumulación de la acción humana expresada en las instalaciones productivas, la infraestructura, la tecnología, las instituciones, las comunidades y los lazos sociales existentes (Jaspers-Faijer *et al.* 2012, 16).

Marcelo Lopes de Souza (1995, 78 y 79) argumenta que la cuestión de quién influye en un espacio geográfico y de qué forma lo hace es central en la comprensión de las dinámicas de poder, dinámicas en las que las personas interactúan con un espacio mediante la transformación de la naturaleza y mediante la creación de valor, al modificar y producir los espacios. Es Kevin Cox (1991, 5 y 6) quien define el territorio como un conjunto de relaciones sociales localizadas, enfatizando que "el territorio emerge como una arena de conflicto: conflicto entre las empresas y los trabajadores, por ejemplo, entre diferentes cohortes de edad, o entre los grupos de género".

Enfatizamos que el género está presente en todos estos procesos, tanto en las dimensiones materiales como en las simbólicas enumeradas por Rogerio Haesbaert (2005, 67-75).

El territorio, inmerso en relaciones de dominación y/o de apropiación socio-espaciales, se desdobla a lo largo de un *continuum* que va desde la dominación político-económica más "concreta" y "funcional" a la apropiación más subjetiva y/o "cultural-simbólica".

La variabilidad del género y sus intersecciones con otros sistemas sociales

¿Qué diferencia al sistema de género de otros sistemas socioculturales con los cuales interactúa? El género es el sistema que remite, simbólicamente, al sexo y la sexualidad. Si bien el sexo y la sexualidad están imbuidos de significado en cada cultura humana, es sorprendentemente grande la diversidad de roles, relaciones y categorías de género manifiestos a través de la historia y en diversas culturas. La variedad de identidades de género documentadas en América Latina incluye un "tercer género" llamado *muxes,* reconocido ampliamente en Oaxaca, México (Vrana 2008); la categoría social gay que toma expresiones distintas en Brasil (Parker 1999), México (Carrier 1995) o Bolivia (Wright 2000); los "travestis" en Bahía (Kulick 1998); y tres categorías de género femenino definidas por los contrastes que mantienen entre sí: "madresposa", "puta" y "monja" (Lagarde 2006). En un volumen editado por Lind (2010) se analizan las influencias que han tenido los discursos y proyectos de desarrollo impulsados por la normatividad dicotómica y heterosexista, dominante en Estados Unidos y Europa, sobre la gran diversidad de prácticas e identidades sexuales y de género que no son las dominantes en el mundo.

La diversidad y mutabilidad del género, evidenciada en la literatura etnográfica e histórica, está en tensión con la universalización de una visión dicotómica presente en las estadísticas. Como parte de un proyecto comparativo que trabaja con información proveniente de diversas fuentes (censos nacionales y agropecuarios, cifras económicas, encuestas de hogares, grupos focales, entre otros), organizada justamente alrededor de dos categorías dominantes –hombres y mujeres–, mucha de la discusión en este libro se constituye alrededor de ellas. Al mismo tiempo, intentamos mantener una conciencia crítica de los supuestos etnocéntricos y heteronormativos contenidos en los procesos de investigación y análisis. Complementamos el presente libro con otras investigaciones y publicaciones donde intentamos brindar la atención que merece el importante papel de las expresiones e identidades no dominantes y las lógicas alternativas (Paulson 2010).

Desde nuestra perspectiva, el género no es empíricamente distinto de otros fenómenos y procesos sociales: los sistemas de clase, de género, los etnorraciales y los geográficos se construyen de forma mutua. Por lo tanto, consideramos que estudiarlo de un modo aislado, así como diseñar políticas específicas "de género", presenta serias limitaciones. Por ejemplo, las mujeres urbanas de clase media y alta que contratan empleadas domésticas viven diferentes feminidades y experiencias laborales que las mujeres pobres y rurales que llevan a cabo el trabajo de subsistencia y el trabajo doméstico, además de intentar contribuir con dinero al mantenimiento de sus hogares. Como resume Guadalupe Cruz Jaimes (2010, 1) a nivel latinoamericano: el "19 por ciento de las mujeres que perciben los ingresos más bajos considera que el cuidado de dependientes y de las labores domésticas no le permite tener un empleo remunerado, mientras que solo un 6 por ciento de las que se ubican en los estratos económicos más altos tiene esta opinión".

Frente a este tipo de evidencias, los científicos y las científicas sociales tratan de entender el género junto con otras dimensiones de la identidad de manera interseccional, contextual y, sobre todo, múltiple. La colección editada por Wendy Harcourt (2012), *Women Reclaiming Sustainable Livelihoods: Spaces Lost, Spaces Gained,* se nutre de esta teoría sofisticada para iluminar una serie de casos concretos de relaciones y conflictos humano ambientales en varias partes del mundo.

Conscientes de la influencia sobre los sistemas de género estudiados que tienen las diferencias etnorraciales, las generacionales, las sexualidades y otras, admitimos la imposibilidad de analizar todos los ejes a la vez.[12] Junto con el programa DTR en general, nuestro estudio de sistemas de género prioriza la atención en las diferencias económicas y geográficas.

El presente libro está entre los pioneros en explorar la intersección entre las masculinidades y estos ejes de la identidad. Varios de nuestros casos demuestran que las masculinidades urbanas y cosmopolitas no establecen las mismas condiciones e identidades para los empresarios y profesionales que las masculinidades rurales e indígenas establecen para otros hombres. Para Lugones, la interseccionalidad revela el rol de género en la opresión y la

---

[12] Las diferencias generacionales se entrecruzan con el género en varios sentidos. Por ejemplo, la categoría censal que sufre las tasas más altas de accidentes, homicidios y asaltos son los hombres jóvenes, mientras las cohortes de edad con la proporción más grande de mujeres son las mayores a 60 años. Si bien reconocemos la importancia de estos aspectos, los postergamos para otro estudio que esté más atento a las diferentes condiciones e identidades de niñas, niños, jóvenes, ancianos y ancianas.

subordinación de ciertos hombres, lo que no se ve cuando los sistemas de género, de clase y de raza se conceptualizan de forma independiente. Específicamente, una mirada interseccional permite problematizar "la indiferencia [a asuntos de género] de aquellos hombres que continúan siendo víctimas de la discriminación racial, de la colonialidad del poder, inferiorizados por el capitalismo global..." (Lugones 2008, 14).

Mientras que las teorías de clase nos ayudan, de forma particular, a analizar las desigualdades materiales y simbólicas entre hogares, y las perspectivas geográficas iluminan su distribución espacial, el poder interpretativo del género es especialmente importante en la explicación de la naturalización ideológica de los roles y relaciones desiguales entre personas, sean entre hombres y mujeres o entre diferentes clases de hombres. Los sistemas de género dominantes emiten mensajes fuertes para convencernos (tanto a las personas privilegiadas como a las perjudicadas por el *statu quo*) de que nuestros roles están enraizados en nuestros cuerpos biológicos. Puesto que no se puede cambiar el material genético, la ideología de género sirve para desanimar los intentos de cambiar las prácticas y normas relacionadas con estas identidades y relaciones presuntamente "naturales".

Expresiones materiales y fenómenos discursivos

Para entender el dinamismo territorial que surge de la relación dialéctica entre las realidades económicas y biofísicas, por un lado, y las visiones y valores socioculturales, por otro, utilizamos distintos métodos para investigar tres tipos de fenómenos: los aspectos materiales, los discursos y representaciones simbólicas, y las prácticas humanas que interconectan aspectos materiales con significados.

Operando en un campo de poder importante, el género es un sistema donde las ideologías dominantes influyen fuertemente en las representaciones discursivas. Estudios realizados en varias partes de América Latina muestran aparentes contradicciones entre las enunciaciones verbales sobre aspectos de género y las prácticas y condiciones empíricas documentadas (Paulson, Poats y Argüello 2009). Por lo tanto, un buen análisis requiere esfuerzos para distinguir los hechos materiales de las representaciones culturales expresadas por diversos actores, junto con una conciencia crítica de los supuestos de género escondidos en las categorías e instrumentos de investigación.

Ejemplificamos esa situación en el capítulo 8, donde a través de la investigación etnográfica y una encuesta especializada aplicada en la cuenca Ostúa-Güija en Guatemala, identificamos a numerosas mujeres que confeccionan calzado en sus hogares. Pese a esto, en las cifras de la población económicamente activa (PEA) no se las incluye. Asimismo, los dueños de los talleres pagan a los hombres por unidad entregada, en lugar de remunerar directamente a sus esposas e hijas, que son quienes realizan parte del trabajo (Emanuelsson 2011, 32). Así, en este caso, la representación oficial de estas mujeres como económicamente inactivas y la falta de valoración monetaria de su labor están en tensión con las realidades materiales del trabajo productivo. Un proceso similar es común en la producción agropecuaria, donde no se paga el trabajo de los hombres ni el de las mujeres en reproducir la fertilidad de los suelos y animales y las otras condiciones de producción, actividades pocas veces registradas como "trabajo".

También constatamos que el desarrollo de espacios de conversación entre diversos actores tiene gran potencial para enfrentar la negación ideológica de ciertos cambios reales en los sistemas de género, como también para develar algunas brechas críticas entre las creencias de género y las realidades materiales. Quienes participan en los consejos ambientales de Cerrón Grande en El Salvador, por ejemplo, informan que reconocen la importancia de la dimensión de género en los diversos procesos de desarrollo; también proponen responder a las cambiantes realidades mediante la construcción de visiones y posibilidades más inclusivas (Florian *et al.* 2011b, 39). Es clave aquí el contexto en el cual se desarrollan esos diálogos: en el caso de Cerrón Grande, las conversaciones sobre género se desarrollaron en los espacios nuevos de los consejos populares. En contraste con los tradicionales espacios políticos caracterizados por relaciones jerárquicas entre unos hombres del territorio y otros, los consejos promueven relaciones más horizontales.

No cabe duda de que los investigadores, los movimientos sociales, así como los responsables del diseño de políticas contribuyen a la construcción de discursos y representaciones de género que funcionan para avanzar, restringir o dirigir los cambios históricos. En las comunidades epistémicas relacionadas con el desarrollo, se evidencian perspectivas de género que van desde el desarrollo productivista con los hombres, que pretende ser neutral desde el punto de vista de género, hasta la caridad para las mujeres, así como cierto feminismo que prioriza el empoderamiento de las mujeres.

En resumen, los discursos e imaginarios de género son fuerzas poderosas en sí mismas, tanto los que circulan en comunidades locales como los que circulan en comunidades epistémicas. Estos discursos coexisten en tensión con la organización práctica de género en los aspectos ambientales y socioeconómicos, e impactan en el desarrollo histórico de los territorios. Como todo sistema sociocultural, el de género evoluciona en la medida en que los cambios externos y los impulsos internos impactan en algunos aspectos antes que en otros, creando tensiones y también oportunidades.

El cruce del género con el territorio

En suma, nos esforzamos por poner en marcha una nueva era de los estudios de género, que integra prometedoras corrientes de investigación y reflexión sobre las masculinidades al ya amplio trabajo sobre las mujeres y lo femenino, bajo un análisis histórico y geográfico. Esta reflexión permite constatar que los sistemas de género no son ni malos ni buenos en sí mismos, sino fenómenos históricos y geográficos que toman, y pueden tomar, diversas formas. Por un lado, pueden promover normas y prácticas que restringen a los individuos y grupos, limitan su capacidad de tomar la iniciativa y organizarse, además de reducir su potencial para percibir y responder a los cambios que los rodean. Por otro, los sistemas de género pueden desarrollar y movilizar conocimientos, habilidades, intereses, redes, cuya diversidad y complementariedad son vitales para enfrentar los cambios históricos. El reto es reconocer y apoyar las prácticas que fomentan el tipo de proceso deseado.

En el marco analítico que hemos desarrollado, vamos más allá de las mujeres y de los hombres en tanto individuos; estudiamos y tratamos al género en sistemas dinámicos que interactúan con el cambio histórico y el espacio geográfico a escala territorial. Nos proponemos trascender la arraigada dualidad que divide a la producción, interpretada como masculina, de la reproducción, interpretada como femenina, con el objetivo de contribuir a los esfuerzos que se realizan actualmente para apoyar los procesos más equitativos y sostenibles de cambio histórico y geográfico, es decir, los procesos territoriales.

Capítulo 4. O naturalmente duro, o nacida para desespinar: el género en la transformación acuícola de Chile[13]

Susan Paulson y Teresa Bornschlegl

A comparison of gender systems in Chiloé, Chile, before and after a radical economic transformation illuminates mutual influences between gender practices and norms and the rapid expansion of the salmon industry. Gender conditions prevailing before 1990 facilitated the development of the salmon industry and were exploited by it, while the industry triggered the development of new skills, roles and spaces marked by gender. Essentialist narratives construe men's willingness to endure pain and take risks and women's meticulous handiwork on the assembly line as if they were "natural" qualities, justifying gender-segregated assignments to tasks marked as "unskilled labor" and differentiated pay scales. The employment of women brings new opportunities and tensions, while emerging hierarchies between different types of men concentrate economic and symbolic power among certain professional men, locating workers native to Chiloé in subordinate positions. Notable results of the household survey suggest a growing polarization between men and women with regard to cultural and socio-cultural participation. In a context where both men and women are

[13] Reconocemos y agradecemos la valiosa participación y contribución de Julie Claire Macé, Eduardo Ramírez, Félix Modrego y Rodrigo Yáñez en la investigación e interpretación de los materiales sobre Chiloé, así como en la revisión y discusión de las versiones anteriores de este capítulo.

now employed, the local population perceives that men are
distancing themselves from cooking, weaving and associa-
tions related to education, while women are participating
less in forest management, use of boats and productive or
union organizations.

El archipiélago de Chiloé, en el sur de Chile, estuvo
relativamente aislado del resto del país, en el sentido físico
y sociocultural, durante la mayor parte del siglo XX (Grenier
1984). Sus habitantes, hombres y mujeres, realizaron diversas actividades, entre ellas la producción agropecuaria,
la pesca, la recolección de mariscos, la silvicultura y la
artesanía de lana y madera, que se complementaron con
la emigración temporal de los hombres. Desde la década de 1980, la población del archipiélago ha vivido una
transformación socioeconómica radical, debido a la rápida
expansión de la industria del salmón.

En este capítulo analizamos los sistemas de género
en el territorio de Chiloé central antes y después de dicha
transformación.[14] Asimismo, exploramos las mutuas influencias que conectan las prácticas y las normas de género
con el desarrollo de la industria del salmón. Ilustramos
cómo las condiciones de género vigentes antes de 1990
facilitaron el desarrollo de la industria salmonera y fueron
aprovechadas por esta, a la vez que dicha industria desencadenó el desarrollo de nuevas habilidades, roles y espacios
socioeconómicos marcados y valorados según el género.

Desde la década de 1990, una proporción importante
de quienes residen en Chiloé, tanto hombres como mujeres,
ha conseguido nuevos empleos asalariados, ha adquirido

---

[14]   Chiloé central es un territorio en la provincia de Chiloé, constituido por
       seis comunas relacionadas con las dinámicas del desarrollo de la indus-
       tria acuícola: Castro, Dalcahue, Chonchi, Curaco de Vélez, Quinchao
       y Puqueldón, con una población de 79 mil habitantes, de los cuales el
       48% vive en las zonas rurales.

nuevos bienes y servicios y ha entrado en mayor contacto con los modelos globalizados de feminidad y masculinidad. Uno de los cambios más notables ha sido la incorporación de miles de mujeres en el empleo formal. Si bien algunos residentes se refieren a este fenómeno como la "liberación" de las mujeres, otros expresan su preocupación por el aumento de las tensiones familiares.

Los hombres enfrentan cambios importantes. La migración temporal, las labores agropecuarias y la pesca artesanal, antes primordiales para configurar la masculinidad, han sido parcialmente desplazadas. Hoy, los jóvenes ya no establecen su hombría a través de los riesgos tradicionales que corrían durante sus odiseas migratorias. Y con el dominio de las dinámicas territoriales por una coalición controlada por actores extraterritoriales (Ramírez *et al.* 2012), los lugareños tienen menos control de los recursos y las actividades del territorio. Más bien están subordinados, de diferentes formas, a jefes, expertos y funcionarios públicos de afuera. Aún más, en una alta proporción, los hombres ya no son los únicos proveedores en sus hogares: sus esposas e hijas también perciben salarios.

La composición del capital cultural en el territorio ha cambiado, puesto que mujeres y hombres han transformado las habilidades y los conocimientos adquiridos a través de las actividades tradicionales en capacidades necesarias para las nuevas oportunidades provenientes de fuera del territorio. Un correlato poco esperado es la percepción de una polarización por género de los conocimientos y habilidades asociados con la cultura local, junto con las formas de participación social y política.

La investigación y el territorio

Conceptualizando el género como un sistema sociocultural que cambia en interrelación con los procesos
históricos, investigamos la organización y los significados
de género en las prácticas, discursos e instituciones de
Chiloé, a fin de entender mejor las transformaciones en
ese territorio.

El análisis desplegado en este capítulo se nutre de
varios años de investigación interdisciplinaria y de los
resultados y discusiones de tal investigación en los documentos escritos por Eduardo Ramírez, Félix Modrego,
Rodrigo Yáñez y Julie Claire Macé en 2010 y 2012. Parte
central de estos estudios fue la realización, en 2009, junto
con un equipo de *Woods Institute for the Environment,
Stanford University*, de una encuesta a 856 hogares del
territorio, que recogió información social, económica y
laboral de dos períodos (1960-1990 y 1991-2009); también
se documentó la opinión de las personas entrevistadas
sobre temas afines.

La rama de investigación que indagó más explícitamente sobre el sistema de género consta en los trabajos escritos
por Teresa Bornschlegl (2011), por Julie Claire Macé, Teresa
Bornschlegl y Susan Paulson (2010) y por Eduardo Ramírez
(2011). Ramírez analiza datos sobre el empleo y los salarios
en la industria del salmón para identificar diferencias entre
la participación femenina y la masculina. Los otros dos
estudios se basan en materiales obtenidos con métodos
mixtos que incluyen: entrevistas semiestructuradas con
17 hombres y 12 mujeres, un grupo focal con líderes sindicales, trabajadores y extrabajadores de la industria del
salmón (hombres y mujeres), así como un análisis de la
información estadística de la encuesta mencionada.

En el período entre 1920 y 1980, la población de Chiloé
se mantuvo estable y el archipiélago fue conocido por su

tradición cultural e identidad territorial (Mancilla 2006).
En las últimas décadas del siglo XX, las manifestaciones de
la cultura chilota (las artesanías, la gastronomía, los mitos,
leyendas y festivales y las 16 iglesias declaradas Patrimonio
Histórico de la Humanidad por la UNESCO) generaron un
creciente interés turístico (Venegas, Schweikart y Paredes
2007). Con la expansión de la industria del salmón, disminuyó la emigración temporal y aumentó la inmigración de
profesionales y trabajadores procedentes del centro y sur
del país. Entre 1982 y 1992, la población de Chiloé aumentó
el 15%, y en los siguientes diez años, otro 19%, porcentaje
superior al 13% que corresponde al crecimiento nacional.[15]

Entre 1992 y 2002, en Chiloé central hubo un importante crecimiento del ingreso y una reducción de la pobreza,
que fue superior al promedio nacional. Sin embargo, estos
procesos no fueron acompañados de un mejoramiento de
la distribución del ingreso. Al contrario, el índice de Gini
muestra un leve crecimiento de la inequidad de 45,9 en
1992 a 48,4 en 2002.[16]

Desde 2007, la situación cambió dramáticamente:
una crisis ecológica relacionada con el virus ISA había
diezmado el cultivo del salmón y paralizado la industria.[17]
De ahí surgieron cuestiones sobre el daño ambiental en la
costa y los ecosistemas marinos; la restricción en el acceso
a los recursos naturales y su uso; la inseguridad laboral; la
pérdida de ciertas manifestaciones de la identidad cultural;

---

[15]   INE 1995. Ciudades, Pueblos y Aldeas: Censo 1992. Disponible en línea:
       http://www.ine.cl/canales/chile_estadistico/demografia_y_vitales/de-
       mografia/pdf/censo1992.pdf. INE 2002. Censo de Población y Vivienda.
       Disponible en línea: http://www.ine.cl.
[16]   Conversación personal con Félix Modrego en 2011.
[17]   La "Anemia Infecciosa del Salmón (virus ISA) es una de las enfermedades
       virales más graves del salmón atlántico de cultivo. Evidencias recientes
       sugieren también que algunos virus ISA pueden causar enfermedades en
       otras especies distintas al salmón atlántico" (Centro para la Seguridad
       Alimentaria y Servicio de Salud Pública 2010).

y una distribución desigual de la capacidad para participar
en las decisiones que afectan al territorio (Ramírez *et al.*
2012).

La organización espacio-temporal
de la producción familiar: 1960-1990

> Es que, además, los hombres estaban siempre
> en la Patagonia, pues.
> Entonces las mujeres hacían todo el trabajo en realidad.
>
> Mujer de Chiloé

Las estrategias (re)productivas de Chiloé central durante el período 1960-1990 se orientaban principalmente hacia
la subsistencia y variaban según el calendario estacional.[18]
Se exportaban papas, madera, lana y algo de granos, pero
gran parte de la producción, incluyendo cerdos, ovejas y
pesca artesanal, era absorbida por el consumo interno. La
actividad turística y la industria pesquera aparecieron, en
pequeña escala, en la década de 1960, pero Chiloé siguió
siendo un "niño problema" para el país, en palabras de
Rodolfo Urbina (1996, 131): "Pobre agricultura, pesca mal
organizada a pesar del enorme potencial, nula actividad
industrial".

Los discursos y las prácticas de género en este periodo son iluminados por elementos de la investigación
de Macé, Bornschlegl y Paulson (2010) resumidos en esta
sección. En un contexto de pobreza, marginalidad y minifundio, la migración fue uno de los pocos caminos para
obtener ingresos monetarios. Desde los inicios del siglo

---

[18] "En 1975 el 70% de los chilotes eran rurales y de estos el 66% vivía en
      minifundios de 0,5 a 20 hectáreas, con una economía de autoconsumo,
      incapaz de producir excedentes para la comercialización" (Urbina 1996).

XX, la emigración fue significativa y tomó varias formas (Mancilla y Rehbein 2007). En las migraciones temporales, los hombres generalmente abandonaban el archipiélago en noviembre, cuando había terminado la cosecha de las papas, y regresaban en marzo. Sus destinos eran Argentina, donde trabajaban como esquiladores, y las salitreras y minas del norte de Chile. La migración de los hombres impactó en la demografía de la isla de forma tan significativa que en el censo de Castro de 1960 se reportaron 7.609 hombres y 10.653 mujeres (Urbina 1996).

Las narrativas obtenidas a través de las entrevistas frecuentemente coinciden con las de la literatura sobre el periodo. Ambas expresan ideales estereotipados que representan a las mujeres del pasado en el espacio reducido del interior de la casa y a los hombres en un mundo más amplio y exterior y ambas proveen detalles específicos que desmienten los estereotipos. En el escenario recordado eran las mujeres quienes cruzaban esas fronteras simbólicas en sus prácticas cotidianas que las llevaron al campo, al bosque y al mar, mientras el espectro socioespacial de los hombres, dentro del territorio, parecía ser más restringido a lo asociado con lo "masculino". Según expresa un antropólogo local entrevistado, "las mujeres desarrollan todas las actividades; sí, ellas saben todas las actividades que sabe el hombre y el hombre no sabe todas las de la mujer".

La literatura caracteriza a los hombres de la época anterior a 1990 con cualidades útiles para el exterior, pero no para las tareas domésticas y reproductivas del hogar: son toscos, bebedores, con manos fuertes para hacer el trabajo del campo (Montiel 2003; Urbina 1996; Uribe 2003). Los hombres son descritos sobre todo como viajeros: migran para cumplir la función de convertirse en hombre. Mancilla y Rehbein (2009, 3) identifican "una pulsión migratoria que incita al hombre a cambiar de lugar y de hábitos para

alcanzar plenamente las diversas facetas de su personalidad, solo accesible a través de la confrontación con lo
extraño".

Las mujeres del período aparecen, en la literatura,
como hogareñas, fuertes, pacientes y pasivas, con manos
delicadas para moler la harina, hilar y tejer. Las personas
que entrevistamos expresaron, en términos generales, que
la actividad de las mujeres en esa época consistía principalmente en "la mantención de la casa". No obstante, cuando
respondían a preguntas más específicas, detallaron múltiples actividades, como mantener los animales y el huerto,
recolectar mariscos y algas, elaborar artesanías de lana,
cuidar y educar a sus hijos e hijas, cocinar, arar, sembrar,
cosechar y cortar leña. En general, las mujeres no recibían
una remuneración por estas actividades. Como lo describe
un funcionario público, ellas eran "matriarcas sin recursos",
ya que disponían de un gran capital cultural y natural y
administraban los hogares durante períodos largos, pero
dependían del dinero que traían los hombres migrantes.

Entrada en la industria del salmón: 1990-2009

Cuando se les pidió que identificaran los cambios en
los últimos veinte años, las personas encuestadas mencionaron el mejoramiento del ingreso familiar y el acceso a
crédito, transporte, información y capacitación. Todos estos
cambios están relacionados con la industria salmonera
que empleó el 15% de la fuerza laboral en 1990 y el 25%
en 2008, según la encuesta de hogares. Ramírez (2011, 2 y
3) documenta el incremento súbito del empleo femenino.
En la municipalidad de Ancud, por ejemplo, la participación económica formal de las mujeres se incrementó del
27% en 1996 al 48% en 2009. De las mujeres empleadas
en Chiloé en 2008, el 81% trabajaba en el sector acuícola

y ellas constituían el 40% de quienes trabajaban en esa industria (Ramírez 2011, 9).

Estos procesos abrieron oportunidades para forjar nuevas configuraciones espacio-temporales asociadas con la masculinidad y la feminidad. La proximidad geográfica de los trabajos redujo la necesidad de que los hombres emigraran; a la vez permitió que las mujeres entraran al mercado laboral. El giro hacia el trabajo asalariado provocó un abandono parcial de la agricultura y la pesca con sus espacios y tiempos característicos; al mismo tiempo abrió la posibilidad, a hombres y mujeres que vivían en aldeas aisladas, de trabajar junto a colegas e interactuar en espacios públicos.

Nacidos para desespinar o para el trabajo riesgoso

Sin excepción, las personas entrevistadas describen una fuerte división del trabajo y del espacio según género dentro de la industria salmonera. Un jefe de operaciones calculó que el 95% de la mano de obra en los centros de cultivo está integrada por hombres, mientras que el 70% de la mano de obra en las plantas de procesamiento está constituida por mujeres. Los administradores configuran este panorama produciendo espacios y significados de género mediante la asignación de hombres y mujeres a diferentes actividades laborales y a diferentes espacios de trabajo.

En general, las mujeres son colocadas en las plantas procesadoras, donde se agrega valor al salmón mediante la evisceración, el fileteo, el desespinado, el lavado, el pesaje y la clasificación y embalaje (Pinto 2007). La mayoría de esas operaciones es descrita como "femenina"; así también el control de calidad en la línea de montaje. En las plantas, los hombres suelen realizar tareas como la eliminación de cabezas, colas y vísceras, o el trabajo dentro de los congeladores.

En los centros de cultivo, los hombres son asignados a la operación de la maquinaria, la navegación en lanchas, la mantención de las balsas y jaulas de los viveros, el buceo para inspeccionar los aparatos y retirar los peces muertos. Además, ellos participan en la construcción, mantenimiento, transporte y seguridad. Algunas mujeres trabajan en los centros de cultivo; cuando lo hacen, su función es alimentar al salmón, aunque esta es cada vez más mecanizada.

Tres aspectos de esa división del trabajo son notables. En primer lugar, son nuevos tipos de trabajo para todos: hace una generación, la mayoría de tales actividades no formó parte de la experiencia o expectativa ni masculina ni femenina en el territorio (la encuesta de hogares indica, por ejemplo, que en 1990 solo el 4% de los hombres y el 2% de las mujeres solían bucear). En segundo lugar, a los hombres se les asignan las tareas más pesadas y más arriesgadas, práctica que contribuye al peso desproporcionado de accidentes y muertes prematuras de hombres, y a la brecha que existe entre su esperanza de vida (75 años) y la de las mujeres (81 años) en Chile (Milosavljevic 2007). En tercer lugar, la asociación simbólica de ciertas tareas como "femeninas" ayuda a justificar una escala de sueldos en la cual las mujeres, en general, ganan menos que los hombres, como demuestra Ramírez (2011).

La adaptación de estereotipos y expectativas de género a estos nuevos espacios otorga ventajas comparativas esenciales a una industria que participa en mercados internacionales muy competitivos. La empresa reduce sus costos pagando salarios bajos a las tareas "femeninas", así como manteniendo bajos niveles de seguridad y sanidad en las tareas "masculinas". Con el tiempo, la internalización de expectativas sobre las capacidades y conductas "naturales" de hombres y mujeres minimiza los costos de transacción:

facilita la asignación de puestos dentro de la cadena de producción, según género, mientras ayuda a garantizar el rendimiento de cada grupo. Un empleado explicó que las entrevistas de trabajo duran alrededor de cinco minutos; la persona postulante está asignada a un puesto si es hombre y a otro si es mujer. "Los mandos medios, la misma gente de la empresa, claro, ellos prefieren, para todo lo que sea manipulación, mujeres. Y en todo lo que es trabajo pesado, brusco se puede decir, menos minucioso, hombres". Así es como los estereotipos de género ahorran tiempo y el tiempo es dinero.

Ingresos y contratos

> Cuando un hombre no puede trabajar, se siente muy
> humillado, se siente muy mal.
>
> Mujer indígena de Chiloé

Los entrevistados –gerentes, dirigentes sindicales y trabajadores del salmón– no reconocieron que hubiera inequidades en los ingresos percibidos por aquellos hombres y aquellas mujeres que desempeñaban la misma función. Sin embargo, en el análisis que hace Ramírez (2011, 117) de los datos salariales, se indica que "las mujeres con el capital humano equivalente reciben un salario inferior, pese al hecho de que los hombres y las mujeres seleccionados para este análisis trabajan como operadores en la industria del salmón".

Lo que sí fue ampliamente reconocido es el pago diferenciado según el puesto de trabajo. También que, en los rangos básicos, los puestos con los salarios más altos tienden a ser asignados a hombres, lo cual introduce, de hecho, una diferencia salarial según género entre las trabajadoras y los trabajadores sin experiencia previa en la industria.

Otro escenario donde los factores de género influyen es en la jerarquía laboral. Los hombres y las mujeres de menor rango que trabajan en las plantas de procesamiento y en los centros de cultivo ganan una suma cercana al salario mínimo de Chile (172.000 pesos chilenos mensuales, aproximadamente USD 335). Es decir, aunque los hombres en este rango tienden a ganar algo más que sus colegas mujeres, los salarios de todos son bajos. Los datos de la encuesta de hogares revelan que el 14% de los hombres y el 3% de las mujeres ganan salarios muchas veces superiores, desde USD 800 a USD 2.200 mensuales (Macé, Bornschlegl y Paulson 2010, 18). El escaso número de mujeres ubicadas en los rangos salariales superiores podría ser interpretado como señal de que existe una jerarquía simple entre dos categorías: hombres y mujeres. Una óptica más sofisticada desarrollada por las teorías de la masculinidad hegemónica (Connell 2005) lleva la atención hacia el hecho de que la desigualdad de ingresos entre los hombres es más marcada que entre las mujeres: el 14% de los hombres gana sueldos muy superiores a los de la mayoría de trabajadores, quienes ganan algo más que el salario mínimo. Las condiciones ventajosas de este pequeño grupo de hombres elevan el ingreso promedio masculino a niveles bien por encima de lo que gana la mayoría de los trabajadores hombres.

La desigualdad notable entre los ingresos de unos hombres en relación con otros se justifica, simbólicamente, mediante la valoración desigual de las diferentes expresiones de las masculinidades, por ejemplo, entre el conocimiento técnico que distingue a un ingeniero o administrador y la fuerza bruta que caracteriza la hombría de un operario. Según las personas entrevistadas, esta distinción está marcada en los mismos cuerpos mediante formas distintas de vestirse, calzarse, hasta de caminar.

Si bien en muchos lugares las relaciones laborales se configuran con lógicas jerárquicas de masculinidad, lo notable en el territorio de Chiloé es que tales lógicas tuvieron una mínima expresión antes de 1990, pero que se han extendido rápidamente desde entonces. Las islas no desarrollaron, por ejemplo, la distinción común en otras partes entre la masculinidad del hacendado y la del peón. Tampoco entre el profesional y el obrero. Hoy en día, los hombres chilotas están insertados en jerarquías de poder y autoridad en las cuales muchos están subordinados a supervisores, gerentes y expertos de afuera. Lo que es más, estos encarnan imágenes de una masculinidad "superior", marcada mediante capitales que van desde el conocimiento técnico y los títulos profesionales hasta los automóviles y las grandes casas.

Interpretaciones del cambio y la continuidad en los procesos históricos

Quienes viven en Chiloé señalan ciertas características históricas que facilitaron la expansión de la industria del salmón en las islas. Concuerdan en que, mediante una larga historia de sobrevivencia dura en un clima brutal, la población fue "entrenada" en condiciones rigurosas. Los chilotes migrantes eran valorados por ser trabajadores duros que no exigían pagos altos; también son los trabajadores acuícolas. Un historiador de Chiloé, entrevistado en 2010, comentó los cambios que habían experimentado estos hombres: "Bueno, ya no había que salir y la gente no se iba a Argentina sino que trabajaba aquí; claro que algunos decían: 'chuta, ahora somos explotados en nuestra propia tierra, antes éramos explotados afuera decían algunos, ahora somos explotados aquí mismo'". De forma similar, trabajadores y gerentes vinculan las expectativas previas de la feminidad y las actuales. En sus narrativas, una larga experiencia en el hilado y el tejido coincide con las habilidades de motricidad fina requeridas para las "labores de aguja" en la extracción de las espinas; la selección de papas de calidad se transforma en la selección de filetes de salmón de calidad; la alimentación de pequeños animales comparte la sensibilidad necesaria para alimentar a los peces en los centros de cultivo.

Muchas narraciones expresan mensajes esencialistas: en vez de ver que ciertas habilidades son adquiridas culturalmente, las consideran cualidades "naturales" de hombres o de mujeres chilotas. Por ejemplo, la motricidad fina y el cuidado en los detalles se atribuyen a las manos "naturalmente más delicadas" de las mujeres, mientras que la voluntad de aceptar el trabajo arduo y riesgoso en los centros de cultivo es atribuido a la constitución fuerte y osada propia de la "naturaleza" masculina. Así, la naturalización de determinados roles sociales funciona para asignar los empleos según categoría de género y descalificar el entrenamiento y la experiencia requeridos para ejercer ciertas tareas consideradas "no calificadas".

Acostumbrados en sus migraciones temporales a las condiciones peligrosas, frías e insalubres, los hombres aceptaron las mismas en la nueva industria. En la economía global, las tasas de accidentes y fatalidades laborales de los hombres son mucho más altas que las de las mujeres. Y las vocaciones más peligrosas –minero, maderero, pescador, obrero de la construcción– son representadas como las más masculinas. Las expectativas de masculinidad, difundidas por los medios de comunicación y los mercados laborales internacionales, interactúan con las expectativas tradicionales de masculinidad en Chiloé, permitiendo que la industria del salmón funcione –especialmente al inicio– con condiciones de trabajo menos cómodas y seguras y, por lo tanto, menos costosas.

Acostumbradas a vivir bajo sistemas donde las mujeres no recibían remuneración monetaria por su trabajo, las nuevas empleadas aceptaron salarios menores a los de muchos hombres del lugar. Otras condiciones ventajosas para la industria son propiciadas por las dinámicas espacio-temporales de larga data. Como durante la migración estacional las mujeres solían asumir las tareas de los hombres y sus propias labores, se acostumbraron a moverse por todo el territorio. También estaban acostumbradas a las exigentes condiciones físicas que posteriormente ha demandado la industria, así como a las largas jornadas que ahora son indispensables para poder cumplir con el trabajo asalariado y además cocinar, limpiar, lavar, cuidar a hijos e hijas, etc. Esas tradiciones en las que las mujeres se desplazaban por el territorio y trabajaban de forma independiente ayudaron a reducir las reacciones, a menudo violentas, que suelen aparecer cuando las mujeres salen por primera vez fuera de su hogar a trabajar y que han sido bien documentadas en algunos contextos latinoamericanos (Rodríguez, Montané y Pulitzer 2007).

En todas estas formas, las expectativas de género ayudan a constituir la "mano de obra barata" mencionada en la literatura y entre los funcionarios entrevistados como un factor fundamental del éxito obtenido por la industria del salmón en el territorio de Chiloé (Díaz 2003a; Díaz 2003b; Pinto 2007).

Además de aprovechar ciertas condiciones de género existentes, la industria también incentivó prácticas y estereotipos que pueden tener impactos culturales duraderos. Macé, Bornschlegl y Paulson (2010, 21) enumeran los calificativos que utilizaron las personas entrevistadas sobre las trabajadoras de la industria del salmón: sensibles, productivas, eficientes, dedicadas, responsables, rigurosas, meticulosas y ágiles. Los trabajadores, en contraste, son descritos como fuertes, torpes, brutos, con mayor tendencia al alcoholismo y la impuntualidad, pero con mayor capacidad para asumir tareas riesgosas, la operación de maquinarias y la supervisión.

Cuando las empresas despiden a una mujer, suelen contratar a otra en su lugar. Así, la práctica de asignar, sistemáticamente, las mismas tareas al mismo grupo de género establece expectativas que son internalizadas. Un gerente de un centro de cultivo a quien entrevistamos en agosto de 2010 expresó, en la misma narración, sus esfuerzos para manipular y polarizar las cualidades asociadas con el género y su posición ideológica de que esas cualidades son innatas.

> Especializando los sexos, ayudándoles a fortalecer, o sea, dándoles donde están las fortalezas de las mujeres, que es el ojo, la habilidad y la mente; y al hombre poniéndolo un poco más en los trabajos más brutos, donde tú lo puedes desarrollar un poco más. O sea, yo creo que seguiríamos como están los sexos.

Los estereotipos de género aprovechados por la industria se van fijando en los imaginarios comunes, a medida que pasa el tiempo. En cuanto los hombres y las mujeres internalizan las expectativas y adaptan sus conductas para satisfacerlas, dichos estereotipos tienen un efecto de autorrealización que se manifiesta en las imágenes de sí mismos/mismas y en la oferta de labor. De esta manera, las prácticas y las creencias prevalecientes en la sociedad chilota se van adaptando a los cambiantes contextos catalizados por la industria del salmón.

Tendencias del conocimiento cultural
y de la participación sociocultural

El panorama presentado por Macé, Bornschlegl y Paulson (2010, 47) muestra que, entre 1990 y 2009, cayó el porcentaje tanto de los hombres como de las mujeres cuya actividad principal estaba dentro del sector tradicional (agricultura, pesca, artesanía). En el caso de los hombres, tal disminución fue del 49 al 25%, mientras que en el de las mujeres fue del 37 al 11%. Por lo tanto, no debe sorprendernos que el 53% de las personas entrevistadas exprese su preocupación con respecto al debilitamiento de la identidad cultural de Chiloé.

Lo que sí es notable es la acentuación de las diferencias de género con respecto a los conocimientos culturales y a la participación sociocultural ilustrada por la encuesta de hogares, arriba citada. Las respuestas a las preguntas sobre la participación pasada y presente en doce dominios asociados con la cultura chilote permiten analizar la memoria retrospectiva y la percepción actual. Los resultados sugieren que en 1990 los hombres y las mujeres compartían conocimientos en muchas áreas, mientras que en 2009 la distribución de habilidades entre hombres y mujeres es más polarizada en casi todos los ámbitos (tablas 2, 3 y 4 en Macé, Bornschlegl y Paulson 2010, 48-50). Los dos ámbitos donde esa participación es más equitativa ahora en términos de género son en el mariscar y en el conocimiento de los mitos, cuentos e historia. Los cambios más grandes son la masculinización del manejo de bosques y de la navegación en el mar, junto con la feminización de la artesanía en lana y de la culinaria chilota. Si bien entre 1990 y 2009 no cambió el hecho de que los hombres tuvieran más conocimiento en la navegación y la gestión forestal y que más mujeres supieran tejer y cocinar, estas diferencias se han acentuado.

Las respuestas de las personas encuestadas también iluminan cambios de género en la organización socio-política entre 1990 y 2009 (tabla 5 en Macé, Bornschlegl y Paulson 2010, 51). La participación en gremios o sindicatos está ahora más asociada con los hombres. De una participación relativamente equilibrada en 1990, se pasó a otra caracterizada por dos veces más hombres que mujeres. Esta tendencia genera preguntas sobre las causas y consecuencias de la representación masculina en los espacios gremiales. Y llama a una comparación con el caso del CHAH, en el que la proletarización de los hombres y la incorporación de las mujeres en el mercado de trabajo coexisten con acciones concertadas para excluir a las mujeres de la toma de decisiones y de los nuevos capitales y oportunidades económicos.

Por su parte, los notables cambios en las percepciones sobre los grupos culturales o folclóricos podrían iluminar nuevas pistas para la expresión de la masculinidad chilote. Las personas encuestadas percibieron que, en 1990, estos grupos habrían estado conformados principalmente por mujeres, a menudo representadas como las "reproductoras de la cultura local", mientras que en la percepción del escenario en 2009 se habría duplicado la participación de los hombres, con lo cual ellos habrían superado a las mujeres.

El hecho de que los conocimientos y las manifestaciones culturales o las asociaciones y redes se expresen según las lógicas de género no es bueno ni malo en sí y debe ser estudiado dentro del respectivo contexto. A la vez, reconocemos la importancia de que el acceso a los espacios de decisión y poder sea incluyente. Por lo tanto, es preocupante el predominio creciente de los hombres en los sindicatos, y es notable que se registre una participación más equitativa según género en la Junta de Vecinos.

Un análisis sistémico plantea interrogantes con respecto a las relaciones entre los diversos cambios observados en un territorio. Por ejemplo, ¿cómo se relaciona la reducción de oportunidades para poner en práctica los signos tradicionales de la masculinidad con el aumento de esfuerzos para establecer distinciones entre la masculinidad y la feminidad en los conocimientos culturales y la participación sociopolítica? Avanzar en esta dirección requiere analizar las interrelaciones entre los fenómenos socioeconómicos, por una parte, y los imaginarios, los discursos y las interpretaciones de género que les atribuyen significado y poder, por otra.

Imaginarios y prácticas de feminidad y masculinidad en los procesos de cambio

> Antes él era el que venía y ponía el recurso en el hogar, completo, entonces ya no, porque ahora son dos los que ingresan los recursos.
> Te fijaste que ahora cambió el esquema.
>
> Funcionario del gobierno local

Los cambios de género asociados con las transformaciones de la estructura productiva interactúan con otros procesos, como la influencia sociocultural de los nuevos actores y la expansión de los medios de comunicación masivos y de los bienes de consumo. Los inmigrantes a Chiloé –profesionales, técnicos y operarios en la industria acuícola, emprendedores turísticos, dueños de negocios e intelectuales y profesionales atraídos por las particularidades naturales y culturales– introducen imágenes de género cuyos impactos son complejos.

En un territorio donde existían pocas actividades asalariadas y un comercio limitado, la expansión de las posibilidades y las prácticas de consumo adquiere expresiones marcadas por el género y constituyentes de las identidades de género. Hoy en día, en Chiloé se encuentran mujeres jóvenes que se tiñen el pelo de rubio para imitar a las que ven en la televisión, y hombres jóvenes que compran ropa de marca, teléfonos celulares y reproductores mp3 para mantenerse al día con la tecnología y las apariencias (Macé, Bornschlegl y Paulson 2010, 23). Como dijo una mujer de Chiloé: "Y te empiezan a vender un mundo, te empiezan a mostrar o a enseñar que hay otro mundo que es mejor del que tú tienes".[19]

Para muchas chilotas, la industria del salmón ofreció los medios para salir del aislamiento rural y participar en contacto social cotidiano con otras mujeres y hombres. Un ex trabajador del salmón, entrevistado en agosto de 2010, afirmó que el nuevo patrón de vida "cambió la visión de las mujeres hacia el trabajo, la vida familiar, el dinero y la fecundidad". Los cambios también impactan en los roles y las normas masculinas. No solo se vulneran las identidades masculinas de viajero y agricultor, sino también la de ser el único proveedor de ingreso familiar. Más aún, el proceso descrito como la "proletarización" de los chilotes, anteriormente identificados como agricultores y pescadores independientes (Mancilla 2009), interactúa con el establecimiento de una nueva clase de hombres profesionales y técnicos, muchos de origen externo.

La configuración del sistema de género en el territorio está cambiando desde una estructura basada en dos categorías relativamente homogéneas (femenina y masculina) a otra en la que se distingue entre modelos masculinos asociados con diferentes posiciones y poderes económicos,

---

[19]   No es un fenómeno sin precedentes: comentaristas anteriores ya criticaron los "nuevos" modelos de masculinidad y feminidad que comenzaron a llegar al territorio a través del "Puerto Libre" en los años 1950 y, más tarde, por la radio y la televisión: "Un hombre valía ahora mucho más por sus bienes materiales que por lo que representaba su persona" (Urbina 1996, 87).

rangos de trabajo o profesión, tipos y tamaños de casa y auto, entre otros. Actualmente, la construcción de identidades corporales mediante la ropa, zapatos, accesorios no solo sirve para distinguir, desde lejos, a las personas identificadas como mujeres versus los hombres, sino que también permite distinguir entre los hombres profesionales y los trabajadores chilotes. Similares diferenciaciones jerárquicas caracterizan otros sistemas de género, por ejemplo, la distinción jerárquica entre masculinidad heteronormativa y las masculinidades gay (Wright 2000), o entre tres identidades femeninas: monjas, putas y madresposas (Lagarde 2006 [1993]).

Transformación económica y ecológica con los movimientos de género

Este capítulo ilustra cómo el sistema de género predominante en Chiloé contribuyó a la expansión de la industria del salmón y a la transformación sociofísica del territorio, propiciando un ambiente en el que tanto hombres como mujeres podían contribuir a este crecimiento y tenían la motivación para hacerlo. Los hombres "duros" y "arriesgados" junto con las mujeres "meticulosas" y "hacendosas" reorientaron sus habilidades y conocimientos hacia dicha industria. Se usaron las ideologías esencialistas para valorar las diferentes destrezas como "naturales", incluyendo la voluntad masculina de exponerse al dolor y los riesgos. A la vez, se apoyó en las antiguas estructuras de género para asignar a las mujeres a puestos de menor salario. La expansión desmedida de la industria transformó el paisaje y terminó en la crisis ecológica que se desató en 2007, abriendo campo para otros cambios todavía desconocidos.

La industria también ha acelerado la velocidad del cambio sociocultural en el territorio, reforzando nuevos modelos de feminidad y masculinidad, que traen consigo nuevas oportunidades y también tensiones. Se encaran ahora cambios tanto en el empleo de las mujeres como en la construcción de la masculinidad entre los hombres, quienes abandonaron sus antiguos roles de viajero y proveedor para adoptar otro de empleado y, más recientemente, desempleado. Se desarrolló una jerarquía en el territorio que estructura y justifica un escenario en el cual unos hombres ejercen el poder económico y simbólico, vinculado a las masculinidades expertas y profesionales, sobre otros hombres ubicados en posiciones subordinadas de trabajadores.

Nuestro análisis de las interacciones entre la transformación productiva en Chiloé y una serie de cambios en el sistema de género demuestran que no todos estos elementos cambian de manera sincronizada ni en la dirección esperada: ciertas prácticas de género cambian rápidamente mientras otras permanecen, algunas normas son defendidas con mayor tenacidad que otras y algunas reacciones se oponen a ciertos cambios en marcha.

A nivel nacional, el crecimiento económico de Chile no necesariamente conlleva una mayor distribución de ingresos por género. De hecho, Chile es uno de los cinco países más bajos de la región en el índice de igualdad salarial (Hausmann *et al.* 2011).

En Chiloé el índice Gini indica que el crecimiento del ingreso per cápita no siempre redunda en una distribución más equitativa entre los hogares. Y los datos salariales muestran que la incorporación de las mujeres junto con los hombres al mercado de trabajo no necesariamente conlleva una distribución de los ingresos más equitativa, en términos de género. Asimismo, Ramírez (2011, 7 y 8) concluye que la situación requiere de políticas específicas contra la discriminación.

En el caso de Chiloé, el crecimiento económico no es con-
sistente con una caída en el sesgo de salario según género,
incluso con la presencia de condiciones económicas, sociales
y culturales que facilitan un alto nivel de incorporación de
las mujeres en la esfera del trabajo remunerado.

Los resultados también ponen en tela de juicio el
supuesto generalizado de que la expansión de las oportunidades de empleo para las mujeres iría acompañada
de la adopción de normas e identidades de género más
abiertas, flexibles y equitativas. En un territorio donde,
ahora, hombres y mujeres salen a trabajar, la población del
lugar describe una creciente polarización entre hombres
y mujeres con respecto a los conocimientos culturales y a
la participación sociocultural.

Aunque desmientan ciertos supuestos predominantes, las tendencias que hemos identificado son similares
a las documentadas en diversas partes del mundo, donde
la feminización del mercado laboral y la divulgación de
discursos mundiales sobre la equidad de género coexisten
con el surgimiento de representaciones culturales que
distinguen y separan, más estrictamente, a las mujeres de
los hombres. Algunas manifestaciones son la construcción
de los cuerpos con la ropa y maquillaje hiperfemeninos
e hipermasculinos en algunos contextos y el creciente
uso del velo en otros (Cowen y Siciliano 2011; Feingold y
Mazzella 1998).

Los diversos elementos materiales y simbólicos que
se asocian entre sí dentro de cada sistema sociocultural
de género –el empleo, las prácticas espacio-temporales,
la participación sociopolítica, el conocimiento cultural,
las preferencias de consumo, las expectativas y estereotipos, la construcción corporal, entre otros– cambian y se
adaptan en respuesta a factores externos y a las relaciones
que mantienen entre sí. Las tensiones entre estos aspectos
pueden generar barreras y conflictos; también pueden

abrir oportunidades para que sucedan cambios positivos. La lección general es que las dinámicas de género juegan roles importantes en los procesos de cambio histórico, son más complejas de lo que se esperaba y, por lo tanto, vale la pena analizarlas con cuidado.

Capítulo 5. El género en movimiento con el territorio: feminización del mercado laboral, masculinidades en transformación, tensión entre la producción y la reproducción

This chapter explores key realms for understanding relations between gender systems and the processes of territorial change through which societies, via their members' actions and interactions, construct spaces and produce territories that promote or restrict certain economic, political and environmental dynamics. It asks what role gender plays in the constitution, appropriation and meaning of social and biophysical spaces. We explore three distinct phenomena identified as "the feminization of labor," together with issues related to changing masculinities, and institutional divisions between production and reproduction.

El género está en juego en la constitución, apropiación y significación del espacio físico y social. Las estrategias de ordenamiento territorial implementadas por los grupos sociales que utilizan ciertos recursos, junto con los significados simbólicos atribuidos a estos grupos, lugares y actividades, marcan los espacios con diferentes mensajes de género. En tanto cada generación internaliza, adapta y produce expectativas y normas de género, sus prácticas y sus visiones ayudan a construir y reconstruir territorios. De este modo, distintos sistemas de género producen espacialidades y temporalidades particulares, que son, o no, valorizadas y aprovechadas por el capital en diferentes momentos y con diferentes ritmos. De forma similar, los aspectos ambientales son valorizados y apropiados en procesos mediados por diferentes instituciones, en los cuales el género juega un rol importante.

Siguiendo la idea de que cada sociedad, mediante sus acciones e interacciones, construye su espacio y produce su territorio (Porto-Gonçalves 2003, 265), nos preguntamos cómo las prácticas de género construyen los territorios de tal manera que promuevan, o restrinjan, ciertos tipos de dinámicas económicas, políticas y ambientales. Tres temas surgieron como importantes en nuestra lectura de los procesos estudiados: la feminización del mercado laboral, las masculinidades en transformación, y la distinción histórica entre producción y reproducción.

Feminización del mercado laboral: tres fenómenos interrelacionados

El término "feminización del mercado laboral" ha sido empleado en relación con tres fenómenos distintos, todos relevantes para nuestro trabajo. El primero es el incremento de la proporción de mujeres en el empleo formal, un fenómeno bien documentado en el mundo y en América Latina, donde al inicio del siglo las mujeres llegaron a constituir más del 40% de la PEA urbana, mientras en las áreas rurales, con la reconversión agrícola –sobre todo de frutas, flores y hortalizas– se incorporó un gran número de mujeres como trabajadoras temporales (Lara Flores 1995; Valdez 1988).

El segundo sentido de "la feminización del mercado laboral" se refiere a la expansión de las condiciones de trabajo asociadas a las mujeres. Un sistema de género que discursivamente representa "el trabajo femenino" como no remunerado, informal y localizado en el mundo privado ha facilitado el establecimiento de puestos de trabajo categorizados como "no calificados", con sueldos que no alcanzan para adquirir la canasta básica, con contratos flexibles e irregulares y con una débil sindicalización. Expandido junto con la masiva incorporación de las mujeres en el mercado laboral, el trabajo en estas condiciones "femeninas" ha sido asumido por muchas mujeres, pero no se limita a ellas.

El tercer sentido alude al proceso de reducción relativa (y en varios países absoluta) entre 1980 y 2005 de oportunidades de empleo asociado a la masculinidad: trabajo formal, estable, a tiempo completo y sindicalizado con identificación vocacional o profesional. En algunos sectores importantes –por ejemplo, en la minería de Bolivia o en la producción del henequén en el Yucatán–, el empleo masculino cayó vertiginosamente. En América Latina, en general, la proporción de la PEA que se sitúa en la economía informal aumentó significativamente; hacia fines de la década de 2000 la OIT (2011, 5) estima que 93 millones de personas (el 50% de la población ocupada) tenían un empleo informal sin protección social o derechos laborales.

Todos estos fenómenos de feminización del mercado laboral impactan sobre los procesos de cambio, creando tensiones con respecto a las identidades y normas de género. Como ha sido ampliamente documentado, el acceso al trabajo remunerado ofrece a muchas mujeres la posibilidad de mantener a sus familias y de ganar cierta independencia. A la vez, sobrecarga de responsabilidades productivas y reproductivas a un gran número de mujeres en contextos donde, en general, ellas tienen salarios y condiciones laborales inferiores a las de los hombres.

Los impactos que estos procesos tienen para los hombres, rara vez tratados, también crean desafíos importantes. Estos tres cambios en el mercado de trabajo representan una variedad de experiencias para los trabajadores en los diferentes países, en las diferentes clases socioeconómicas y en las áreas tanto urbanas como rurales. Uno de los resultados generales es que un significativo número de hombres ha sido forzado a trabajar en condiciones laborales inferiores a lo que esperaban como "proveedores del hogar" y en actividades informales o irregulares similares a las que habían sido identificadas como "femeninas". El hecho de que algunos hombres no accedan a aquellos empleos asociados a lo masculino ha contribuido a disminuir su estatus en relación con otros hombres, no solo económica y políticamente, sino también en términos simbólicos. En otras palabras, al asumir nuevos roles económicos, el perfil de ciertos hombres ha sido "feminizado".

El empleo estable asalariado ha sido un importante factor constituyente de las masculinidades dominantes en las sociedades latinoamericanas durante el siglo XX. Asimismo, el hecho de que millones de hombres hayan perdido este tipo de empleo no solo supone una amenaza a las bases materiales de los individuos y los hogares. La pérdida de la participación política mediada por los sindicatos y de la socialización a través de grupos de colegas (entre otros, en los equipos de fútbol asociados a sindicatos o lugares de trabajo) perjudica el correspondiente capital cultural y social. En el siglo XXI, entonces, la construcción de nuevas masculinidades con nuevos tipos de capitales es un gran desafío, a la vez que una oportunidad clave, para los territorios y las sociedades en cuestión.

Masculinidades en transformación

La resistencia en varios frentes ha limitado el estudio y la comprensión de los hombres y las masculinidades en América Latina y otras regiones. En el libro *Men of the Global South*, Adam Jones (2006, XVII) señala que en el desarrollo internacional "la tendencia ha sido ignorar a los hombres como sujetos de género, a través de una ecuación sencilla que equipara el género con las mujeres y lo femenino, o consignar a los hombres a los estereotipos de género casi siempre negativos". No debe sorprender que esta postura de condena categórica a los hombres interactúa con su resistencia, en diversas situaciones, a que sus vidas e identidades se conviertan en temas de investigación.

El acercamiento de género y territorio lucha contra esta corriente, viendo las masculinidades como aspectos importantes y dinámicos que influyen en la forma que toma el desarrollo de cada territorio. Relevantes para nuestro trabajo son los estudios recientes con énfasis en entender las masculinidades en los diversos contextos. La atención al contexto no solo sociocultural sino también geográfico se evidencia en la colección sobre masculinidad en la vida rural (Campbell, Bell y Finney 2006) y el volumen sobre inequidades relacionadas a masculinidades entre hombres urbanos (Moffatta 2011).

La conceptualización sistémica de género motiva a considerar las cambiantes masculinidades como un aspecto relevante de los "temas de mujeres". Hasta la fecha, cientos de estudios se han enfocado en las mujeres y en sus condiciones, necesidades y derechos, dando lugar a innumerables programas y políticas centrados en apoyarlas o empoderarlas, los cuales han contribuido para que ellas obtengan logros importantes. Sin embargo, la abrumadora evidencia resumida en el primer capítulo deja en claro que las políticas de género implementadas hasta la fecha no han sido suficientes para mitigar las restricciones, discriminaciones e inequidades que limitan a las mujeres en América Latina. A la vez, reacciones contra ciertos cambios en los roles femeninos han ganado terreno en muchos países (Faludi 2006) y están apareciendo nuevas evidencias de visiones políticas reaccionarias. En Ecuador, María Cuvi (2012) analiza una situación en la que la institucionalización de los derechos de las mujeres y el avance hacia la igualdad de género están amenazados en dicho país. A nivel global, los artículos publicados en una edición 2012 de *Development* hacen eco de las inquietudes expresadas por Cuvi frente a los avances irregulares y, en algunos casos y aspectos, los retrocesos para las mujeres. El primer artículo, escrito por Harcourt (2012, 258), advierte: "Como los acontecimientos muy recientes muestran, los derechos de la mujer y la igualdad de género continúan amenazados".

Existe un debate saludable sobre las causas de esas limitaciones y retrocesos, sobre las estrategias de cambio recomendables para enfrentarlos en el siglo XXI y sobre el rol de las masculinidades tanto en las causas como en las respuestas. Ciertas activistas arguyen que la situación de las mujeres no ha mejorado hasta un nivel tal que justifique considerar la situación masculina. Algunos abogan por la priorización continua de "la mujer". En contraste, feministas de alto perfil como Marta Lamas (1999, 4) comienzan a cuestionar lo que ella llama "mujerismo", ya que esto limita el impacto del feminismo en América Latina: "Tal vez la principal lección aprendida por el movimiento feminista a finales de los años noventa es la inexistencia de la unidad natural de las mujeres". Haciendo eco de Lamas, en su libro ¿*Son mejores las mujeres?*, Sara Sefchovich (2011) invita a sus lectoras y lectores a sumarse en contra de la priorización estereotipada de las mujeres, como si formaran parte de una categoría esencial. En relación con el movimiento de mujeres ecuatorianas en la década de 1990, Cuvi (2012, 11) identifica un factor muy relevante para nuestro análisis: "Uno de los puntos débiles del movimiento, entonces y ahora, una década después, es la poca capacidad para establecer alianzas, ni siquiera coyunturales, con otros actores sociales".

Varias son las razones para considerar a los hombres y a las masculinidades, tanto en la investigación como en la política de género, y para establecer alianzas con ellos. En primer lugar, es mala ciencia ver solo una parte seleccionada de la realidad estudiada y, deliberadamente, desconocer las otras. La falencia intelectual de invisibilizar ciertos grupos de género en las investigaciones y análisis es, tal vez, la lección más poderosa que ha dado la crítica feminista al proceso científico (Cuvi 2006; Fox Keller 1996). Ignorar a los hombres como actores de género replica la falacia de gran parte de la ciencia moderna, que ha omitido el tratamiento de las especificidades de las mujeres y de otros grupos que no son los dominantes. En segundo lugar, para las personas que priorizan el bienestar y los derechos de las mujeres, considerar las configuraciones de la masculinidad permite entender mejor las causas sistémicas de las limitaciones que afectan a las mujeres, así como apoyar aquellos procesos de cambio que mejorarían sus situaciones. Y, finalmente, la lucha feminista por los derechos y la dignidad de todos los seres humanos, con independencia del sexo o género, se extiende –como es lógico– a los seres con identidades masculinas.

Conceptualizamos la "masculinidad" como un conjunto de prácticas, espacios, capitales, imágenes y significados simbólicamente asociados a la categoría "hombre" en un sistema de género específico. El carácter de tal conjunto cambia con el tiempo y el espacio; además, es común que coexistan diferentes masculinidades dentro de una sociedad. Como enfatiza Ian Coldwell (2009, 174), la "evidencia empírica indica claramente múltiples patrones de masculinidad entre culturas y en diferentes periodos de tiempo y también dentro de una misma cultura y en diferentes momentos del ciclo de vida de cada hombre".

En las investigaciones sobre masculinidades se han desarrollado conceptualizaciones fundamentales para

nuestro estudio. Coldwell (2009, 173) muestra que existe
un amplio consenso académico en torno a

> la idea de que la masculinidad es una construcción social en
> diferentes espacios sociales e históricos. La masculinidad no
> se ve ahora como un programa inmutable y general inscripto
> en los genes de los cuerpos de hombres y justificada por una
> necesidad social. Por el contrario, la masculinidad se ve tan
> dinámica y variable como la propia sociedad. Así, con el fin
> de entender la masculinidad, tenemos que entender los
> contextos cambiantes en los que determinadas prácticas y
> representaciones de la masculinidad surgen.

Otro concepto central, el de "la masculinidad hegemónica", ilumina las jerarquías entre diferentes expresiones
de la masculinidad dentro de un sistema sociocultural. Eso
permite reconocer que en los sistemas patriarcales los hombres, como categoría, experimentan determinadas ventajas
y poderes sobre las mujeres, mientras que ciertos hombres y
ciertas formas de masculinidades ejercen un dominio sobre
otros; por ejemplo, los padres sobre los hijos, los jefes de
hogar sobre los hombres solos. Para R. W. Connell (2005),
Richard Howson (2005) y otros, las ideas de Antonio Gramsci
ayudan a iluminar los procesos en los que se establecen
como "naturales" y correctos ciertos modelos dominantes
de masculinidad, junto con los mecanismos que subordinan a otras variantes, con lo cual se torna difícil imaginar
alternativas. La idea de masculinidad hegemónica impulsa
no solo a dejar de tratar a los hombres como si fuesen una
categoría homogénea, sino también a investigar en contextos
específicos las relaciones entre los modelos dominantes de la
masculinidad (y los individuos que los encarnan) y las otras
expresiones de masculinidad que pueden ser subordinadas, cómplices, contestatarias o marginadas. Al desvelar el
hecho de que múltiples grupos –hombres jóvenes, solteros
y solteras, mujeres, LGBTQ, hombres sin tierra, desocu-
pados, etc.– están limitados u oprimidos por aspectos de

determinados sistemas de género, esta perspectiva puede motivar a que diversos actores interesados en cambiar el sistema establezcan, entre ellos, alianzas y coaliciones.

En los territorios estudiados, observamos la construcción y expresión de las masculinidades dominantes y proponemos cuestiones sobre las relaciones jerárquicas con las masculinidades subalternas y marginadas. Estos estudios refuerzan una premisa de la teoría de género: que las identidades y las relaciones de género no solo se refieren al vínculo hombre-mujer, sino también a las relaciones entre todos los actores en un grupo social. Las identidades masculinas se establecen en las relaciones homosociales (en la cancha de fútbol, el trabajo, los bares y los sindicatos) y en las relaciones jerárquicas (entre jefe y empleado, sargento y recluta, padre e hijo). Y las identidades femeninas se construyen en relaciones entre ama de casa y empleada, entre suegra y nuera, así como también en las relaciones que se desarrollan o las que se niegan a desarrollar entre madre-esposas y "mujeres de la calle".

En el primer capítulo examinamos algunos trabajos sobre masculinidades en América Latina, mientras que en este nos ocupamos de algunos estudios sobre la escena mundial. Desde la década de 1990, se ha realizado un buen número de investigaciones sobre masculinidades en las sociedades occidentales modernas (Kimmel y Messner 2009; Kimmel, Hearn y Connell 2004; Moffatta 2011; Pease y Pringle 2002). Más recientemente se han publicado estudios sobre diferentes partes del mundo en varias colecciones de artículos cortos (Cornwall, Edström y Greig 2011; Jones 2006; Pringle *et al.* 2011). Es común en estos trabajos un acercamiento vivencialista-interpretativista basado en las humanidades que enfoca en las narrativas, la literatura y los medios de comunicación. En contraste, existe muy poca literatura sobre masculinidades en las ciencias sociales, así como pocos estudios cuantitativos y materiales. Incluso

importantes estudios estadísticos están diseñados para
ocultar, deliberadamente, las condiciones de género que
perjudican a los hombres, como conjunto, lo cual tratamos
en el capítulo 7.

Aunque en los últimos veinte años se ha aprendido
mucho sobre las masculinidades en el ámbito académico, ha
quedado muy atrás la aplicación de este conocimiento en las
políticas y programas sociales. En general, las comunidades
epistémicas en torno al género y desarrollo han conceptualizado a los hombres como un problema de género, en
lugar de considerar que ellos se enfrentan con problemas de
género. La situación en los años ochenta y noventa del siglo
XX ha sido resumida por Frances Cleaver (2000):

> Con unas pocas excepciones notables, los hombres rara
> vez se mencionan en los documentos de política de género.
> Donde los hombres aparecen, generalmente son vistos como
> obstáculos para el desarrollo de las mujeres: los hombres
> deben renunciar a sus posiciones de dominio para que las
> mujeres se empoderen. La superioridad de la mujer como
> trabajadora, confiable, digna de confianza, socialmente
> responsable, atenta y colaboradora se afirma a menudo,
> mientras los hombres, por otro lado, son frecuentemente
> retratados como flojos, borrachos, violentos, promiscuos
> e irresponsables.

En la introducción de su libro *The Other Half of Gender,
Men's Issues in Development*, Ian Bannon y María Correia
(2006, XIX) dan razones para prestar más atención a los
hombres y el desarrollo:

> La globalización, los cambios económicos, la pobreza y el
> cambio social han erosionado el papel tradicional del hom-
> bre como proveedor, haciendo que los hombres busquen
> afirmar la masculinidad de otras maneras (por ejemplo,
> las prácticas sexuales peligrosas y la violencia doméstica y
> social), que afectan no solo a los hombres, sino también a
> sus parejas, sus familias y la sociedad en general.

   Los autores describen el reciente surgimiento del interés en "hombres y desarrollo" en respuesta a fenómenos
como el incremento del desempleo masculino, la reducción
de la proporción de hombres en la educación secundaria
y universitaria, así como su desempeño inferior en la educación básica. Algunas iniciativas que sí han avanzado la
consideración de aspectos de género en relación con los
hombres se refieren a la salud sexual y reproductiva, el
SIDA, y cuestiones de violencia.
   Así que son relativamente nuevas y todavía raras las
ocasiones en las que los hombres han contado con el apoyo
institucional para comprender y lidiar con las limitaciones
y los desafíos asociados a las masculinidades que condicionan sus vidas. Enormemente importantes, en este
panorama, son las excepciones que están en marcha en
varios contextos latinoamericanos, de las que son notables
las iniciativas forjadas por las coaliciones entre diferentes
hombres, algunas de las cuales examinamos en el capítulo 2.
   El legado de los discursos y del trabajo mujercéntrico
de diversas agencias y organizaciones influye en la reflexión
de los actores sociales, tanto hombres como mujeres, con-
dicionando sus imaginarios y opciones. Judy El-Bushra
(2000, 4) enfatiza que el enfoque dominante en las mujeres
puede introducir ciertos cambios sin reducir el control
normativo que ejerce la ideología esencialista de género,
ni motivar adaptaciones sistémicas.

> Dar preferencia a las mujeres en los programas de asistencia
> puede contribuir a erosionar el papel de los hombres (como
> protectores, proveedores y tomadores de decisiones, por
> ejemplo) y por lo tanto su posición social y su autoestima,
> pero aun así no cuestionar la ideología de género dominante
> en la que los roles de los hombres y de las mujeres son vistos
> como "naturales".

   Un ejemplo de las políticas de género que funcionan
para reforzar aspectos de las ideologías limitantes proviene

del Código del Trabajo de Chile, Ley N.º 18620, de 1987 (Art. 188), el cual determina "que todo establecimiento que ocupe más de 20 mujeres de cualquier edad o estado civil debe tener una Sala Cuna independiente o anexa al local del trabajo". No cabe duda de que numerosas madres trabajadoras se benefician al tener acceso a una sala cuna. Sin embargo, varias entrevistadas sostienen que con estas políticas los directivos restringen a menos de veinte el número de mujeres con cargos permanentes; prefieren contratar a otras temporalmente y en condiciones de desventaja. Aún más inquietante que el posible impacto negativo en el acceso, los salarios y la seguridad laboral para las mujeres es el hecho de que, al negar categóricamente a los hombres empleados su derecho a cuidar a sus hijas e hijos, esta política estatal envía un mensaje poderoso que legitima, públicamente, a las mujeres como las únicas responsables de dicho cuidado, mientras refuerza el estereotipo de que el cuidado de bebés, niñas y niños no es cosa de hombres. Este tipo de acercamiento de género refuerza las ideologías sobre la división "natural" de roles e institucionaliza la discriminación de género contra los hombres-padres, impidiéndoles reconocer sus derechos a ejercitar una paternidad responsable. Una óptica sistémica revelaría que este tipo de discriminación hacia los hombres además contribuye a profundizar los problemas que encaran muchas mujeres, como son la sobrecarga de trabajo reproductivo y la restricción de opciones en contextos donde la expectativa es que ellas asuman toda la responsabilidad de cuidar a bebés, niñas y niños.

Nuestra investigación sugiere que considerar los desafíos y necesidades de los hombres en general, como también de diferentes grupos de hombres, será vital para que ciertas políticas sean efectivas, inclusive las destinadas a las mujeres. A la vez, el análisis crítico de estas masculinidades es necesario para iluminar los grandes esfuerzos realizados en cada territorio para defender y reproducir sistemas de género convencionales, inclusive los que presentan restricciones, desafíos y limitaciones para muchos hombres, muchas mujeres y para sus mutuas relaciones.

Tensiones entre la producción y la reproducción

Hoy en día, las actividades remuneradas y no remuneradas son interdependientes en las estrategias de vida de cada hogar y territorio, realidad reconocida en este libro con el término "(re)productivo". Sin embargo, los esfuerzos para equilibrarlas están repletos de tensiones, y el apoyo institucional tiende a priorizar una parte del sistema a costa de otras. En la cuenca del Cerrón Grande en El Salvador, cientos de hombres pescan regularmente para alimentar a sus familias. Hasta finales del siglo XX, las mujeres en Chiloé realizaban la recolección de mariscos y algas, el cuidado de los animales y el huerto, hilaban y tejían. No obstante, en estudios previos, pescar es casi invisible en las caracterizaciones socioeconómicas y programas de apoyo en Cerrón Grande, mientras las mujeres de Chiloé son consideradas "económicamente inactivas". Por supuesto, los recursos naturales que ellos y ellas utilizan y mantienen en estas labores sufren poca protección institucional.

Existen grandes discrepancias y acalorados debates acerca de qué debería ser contabilizado como "trabajo" y quién lo está haciendo. Lo claro es que en los estudios y las políticas predominantes se está invisibilizando mucho del trabajo realizado en los territorios y jerarquizando el trabajo que sí se reconoce. También es claro el rol que juegan los estereotipos de género. Así, resulta vital explorar maneras más inclusivas de ver y hablar sobre el trabajo, a fin de obtener resultados científicos más completos; también buscar formas para cambiar el tipo de influencia que los procesos de investigación tienen sobre las visiones de participantes locales y responsables políticos.

Durante milenios, las culturas humanas se desarrollaron en torno a la (re)producción social de los seres humanos junto con la (re)producción cotidiana de sus energías. No obstante, importantes instituciones contemporáneas, centradas en la producción económica, tienden a relegar estas formidables hazañas a un lugar secundario y a asociarlas con la feminidad. Hillary Rodham Clinton (1996), en su ya célebre uso del viejo proverbio "se necesita todo un pueblo para educar a un niño", urge a que se priorice la reproducción social de los seres humanos mediante esfuerzos que van más allá de las tareas de la madre en el hogar. Las acciones (u omisiones) de las comunidades y los estados en los ámbitos de atención a la salud, el bienestar y la educación, entre otros, no solo influyen en la (re)producción de los seres humanos, sino que lo hacen de forma tal que (re)producen los sistemas de género.

Los territorios rurales han vivido de forma variada los procesos históricos en los cuales la generación de ingresos fue paulatinamente priorizada a costa de las actividades de subsistencia, antes orientadas a la reproducción de la vida familiar y comunitaria, así como a la regeneración continua de los recursos naturales. Un legado fundamental de este proceso histórico es el divorcio conceptual e institucional entre "lo productivo" y "lo reproductivo", junto con el poder de las representaciones científicas y populares que identifican a la primera esfera como masculina y a la segunda como femenina, asignándole prioridad y un valor superior a la primera. Acker (2004, 23) señala que "la división entre la producción de mercancías en la economía capitalista y la reproducción de los seres humanos y su capacidad para el trabajo ha sido identificada por las feministas como un proceso fundamental en la subordinación de las mujeres en las sociedades capitalistas".

De acuerdo, en principio, con este análisis, la investigación territorial agrega evidencia de que no solo las mujeres realizan el trabajo reproductivo al que se le niega una recompensa, recursos y valoración. Muchos hombres rurales también están luchando para realizar actividades que mantienen la vida humana y ambiental que no se valoran en el mercado ni en las políticas. La representación discursiva de ciertas actividades como "femeninas" contribuye no solo a desvalorizar la labor de las mujeres, sino también a tornar invisibles los esfuerzos reproductivos realizados por los hombres.

La manera en que investigadores e investigadoras identifican y representan el trabajo influye en las visiones locales y en las posibilidades políticas. Parte de la investigación y la política en los territorios rurales ha ayudado a difundir la idea estereotipada de que los hombres hacen el trabajo productivo y las mujeres, el trabajo reproductivo, a pesar de que la evidencia empírica, en cada territorio, muestra que hombres y mujeres trabajan en ambos reinos. También ha representado a la generación de ingresos como el fundamento del desarrollo, sin priorizar la reproducción de las condiciones de producción. Las políticas y los programas orientados a maximizar la generación de ingresos han ayudado a alejar diversos capitales (la energía humana, los recursos naturales, el tiempo, la atención y el valor cultural) de una amplia gama de actividades no remuneradas, que antes sostenían las condiciones sociales, culturales y ambientales de la vida. Las tensiones relacionadas con este proceso se han intensificado desde la década de 1980, cuando las crisis económicas y los ajustes estructurales estuvieron acompañados de las reducciones del apoyo del estado y de las empresas a la reproducción social, ambos bajo presión para centrarse, mayoritariamente, en la generación de ingresos (Stiglitz 2002).

Hace tiempo que una variedad de iniciativas ha in-
tentado integrar una mayor gama de actividades en los
cálculos económicos, entre las que se destaca la larga lucha de la economista Marilyn Waring (2012) y otros para
cambiar el Sistema de Cuentas Nacionales. Un concepto
que está ganando atención en América Latina es el de "la
economía del cuidado", para comprender los servicios no
remunerados realizados habitualmente en el hogar como:
lavar, cocinar, planchar, limpiar, reparar, atender la salud,
así como cuidar a niños, niñas, personas enfermas y a
las personas de edad. Laura Pautassi (2007) observa que
los movimientos de mujeres en América Latina han con-
centrado sus energías en la lucha para acceder al trabajo
remunerado y al mundo público, pero han dejado de lado
el ámbito privado con las respectivas labores. Arguye que
esto ha provocado una serie de conflictos estructurales y
personales entre las responsabilidades productivas y las
reproductivas que deben ser encarados, ahora, con una
nueva estrategia que vincule la economía del cuidado con
la economía del mercado.

Dianne Perrons (2004) analiza la internacionalización
discriminatoria del trabajo del cuidado en los llamados
global care chains, con atención crítica al papel de las representaciones y relaciones de género y las etnorraciales.
Su análisis ilumina la intensificación de las necesidades
reproductivas en las áreas rurales donde muchas de las
personas que normalmente cuidan a la familia y al hogar
migran a ciudades lejanas y al exterior, frecuentemente
para realizar el trabajo doméstico en hogares ajenos. Este
patrón se evidencia, por ejemplo, en Loja, Ecuador, caso
analizado en el capítulo 6.

La idea de la economía del cuidado comunica mensajes relevantes. Sin embargo, en nuestros estudios rurales
queda claro que la cuestión va más allá de las tareas valorizadas en sus cálculos, lo cual revela el predominio de lo

urbano en dicha conceptualización. Vemos la necesidad de valorar una gama más amplia de trabajo necesario y no remunerado en la que se pueda incluir actividades como la construcción y el mantenimiento de viviendas, la cría de ganado menor, la recolección de guano para abonar los suelos, el cultivo de huertas familiares, la recolección de mariscos y plantas silvestres, así como otras labores que no se reconocen como "actividades económicas" ni como parte de la "economía del cuidado".

Coincidiendo con nuestras observaciones, Waring (2012, 270) se declara preocupada con los usos del concepto "la economía del cuidado", "en particular para cubrir todo el trabajo no remunerado que las mujeres (y los hombres y los niños y niñas) hacen". Ciertamente, el trabajo de cuidado no remunerado es una omisión fundamental en el sistema de cuentas nacionales, pero la realidad es que no solo las labores domésticas, sino también la mayoría de la producción de subsistencia y de la gestión ambiental aún no se cuentan. Waring (2012, 270) advierte: "Las implicaciones de este enfoque consisten en condenar la visibilidad de todo el trabajo no remunerado a un término gueto que solo se asociará con las mujeres, y no abarcar todo el trabajo en que se basa la economía mercantilizada para que pueda funcionar". Los siguientes capítulos detallan estrategias para captar el trabajo y los recursos identificados como reproductivos tanto como productivos y para ver las interrelaciones entre ellos. Esto ha contribuido a la mejor comprensión de lo que el IICA (2003, 23) conceptualiza como "trabajo total".

Capítulo 6. Cambios socioecológicos y nuevas formas de producción agrícola en la Sierra sur del Ecuador[20]

Susan Paulson y Bruno Portillo Seminario

This chapter explores socio-ecological changes surrounding the development of agricultural systems in two neighboring territories: one in which maize yields and production expanded via the use of hybrid seeds and agrochemicals, and another in which coffee production resurged in conjunction with organic and fair-trade markets. Both systems developed via active coalitions linking local households with organizations, businesses, and epistemic communities that have advanced new gender practices and ideas. The first case, the maize area, involves increased control by men over key productive decisions and relations and the representations of women's contributions as not part of agricultural production, while in the second case, the coffee area, changes implemented by about half the households build on contributions of men and women to agricultural production, each involving certain recognition. This chapter raises questions

[20] Deseamos reconocer y agradecer la valiosa participación y contribución de Patric Hollenstein, Pablo Ospina, José Poma y Lorena Rodríguez en la investigación. Debemos profundo agradecimiento a Pablo Ospina y Patric Hollenstein por sus comentarios y discusiones sobre los temas y la información analizados en este capítulo, reconociendo que las opiniones finales expresadas en el texto no coinciden plenamente con las suyas. Debemos mucho a las mujeres y los hombres de los cantones Pindal, Espíndola y Quilanga, que compartieron generosamente con nosotros sus vidas, su trabajo y su saber.

about ways in which these parallel processes connect with two globalized models of rural masculinity: a tough individualistic masculinity expressed through the domination of nature that gained wide expression in connection with the green revolution in the second half of the 20th century, and an eco-conscious collaborative masculinity working through socially and politically engaged communities that is gaining traction in the 21st century.

En este capítulo analizamos las relaciones entre los sistemas de género y los cambios socioeconómicos y ecológicos asociados a la adaptación de nuevas formas de producción agrícola y comercialización en dos territorios de la provincia de Loja en la Sierra sur del Ecuador: el territorio "maicero" en el cantón Pindal y el territorio "cafetalero" en los cantones Calvas, Sozoranga, Quilanga y Espíndola. En una zona caracterizada por el aislamiento y la degradación ambiental, donde los niveles de pobreza han sido y siguen siendo muy altos (Ospina *et al.* 2012, cuadro 1), son dos territorios que se destacan por su desempeño económico relativamente exitoso, relacionado con actividades realizadas en su mayoría por los pequeños hogares rurales.

Los casos ilustran dos tendencias importantes de las recientes transformaciones territoriales en América Latina. La primera tendencia es la intensificación de la producción comercial –usando tecnología agroquímica– sobre una trama social en la cual la masculinidad rural está ligada al control de la vida pública y de la naturaleza, mientras disminuye la asociación de la agricultura con la feminidad. La segunda tendencia es la producción orgánica y de comercio justo que ocurre sobre una trama social en la que se privilegia una identidad campesina colaborativa y solidaria; también se reconoce la integración en la producción agrícola de actividades y conocimientos asociados tanto a la masculinidad como a la feminidad. Además de otros factores, los cambios y continuidades estudiados han sido catalizados, u obstaculizados, por determinadas prácticas y discursos de género, por las experiencias migratorias y por la influencia de varios actores sociales en las coaliciones que promueven los cambios respectivos.

El análisis desplegado en el presente capítulo fue desarrollado en diálogo con investigaciones realizadas en Loja por Pablo Ospina, Diego Andrade, Sinda Castro, Manuel Chiriboga, Patric Hollenstein, Carlos Larrea, Ana Isabel Larrea, José Poma Loja, Bruno Portillo y Lorena Rodríguez; también con los resultados e interpretaciones publicados por ellos en Ospina *et al.* 2011 y 2012. Valiosos insumos complementarios fueron proporcionados por estudios con enfoque de género escritos por Ana Victoria Peláez, Patric Hollenstein y Susan Paulson (2011); Bruno Portillo (2011); y Bruno Portillo, Lorena Rodríguez, Patric Hollenstein, Susan Paulson y Pablo Ospina (2011).

En "Café y maíz en Loja, Ecuador. ¿Un crecimiento sustentable o pasajero?" Ospina *et al.* (2012) describen las diferencias históricas de cada caso y los recientes resultados de los procesos de cambio. Sostienen que el maíz surgió en regiones con una larga historia de pequeña y mediana propiedad y donde la dinámica económica llegó a ser controlada, principalmente, por intereses empresariales externos. En cambio, el café surgió en regiones donde había predominado el latifundio y donde, tras la reforma agraria, los actores locales se organizaron para lograr un mayor control sobre la producción. Argumentan que desde la década de 1990 el territorio maicero ha experimentado: un mayor crecimiento económico, una concentración del ingreso, un deterioro ambiental, un aumento de la dependencia externa tanto en términos financieros como energéticos, y el fortalecimiento de las relaciones patriarcales. El territorio vinculado al café ha experimentado un crecimiento económico moderado, con mayor igualdad en la distribución del ingreso, mayores oportunidades para la sostenibilidad ambiental, y un fortalecimiento de la autonomía de las mujeres.

Convergencia de la ecología política, el análisis de los sistemas de género y los estudios de masculinidades rurales

Nuestro análisis de los procesos de cambio en Loja se nutre de tres corrientes intelectuales: la ecología política, el análisis de los sistemas de género y los estudios de las masculinidades rurales. En tanto campo de análisis interdisciplinario y crítico, la ecología política provee un marco idóneo para analizar las relaciones entre el sistema de género y la gestión ambiental porque integra el estudio de la economía política con el ambiente (Peet y Watts 1993, 238); aborda las asimetrías sociales, espaciales y temporales en el control y el uso de los bienes y servicios ambientales (Hornborg 2001, 35; Martínez-Alier 1995 y 2002); e incorpora las diferencias entre culturas, identidades y formas de conocimiento (Escobar 2008; Paulson y Gezon 2005; Rocheleau, Thomas-Slayter y Wangari 1996). El acercamiento de la ecología política promueve un marco temporal y a múltiples escalas en el que se presta atención a las relaciones de poder dentro y entre lo local y lo global. La ecología política feminista extiende el análisis del poder a las relaciones de género e incluye el hogar en el análisis de escalas (Elmhirst 2011, 129). El acercamiento se refuerza con un enfoque de redes o tramas de actores (Murdoch, 2000; Whatmore y Thorne 1997; Escobar 2008) que permite situar la incidencia (diferenciada y asimétrica) en todos los puntos del proceso de producción y mercantilización de actores que van desde las entidades no humanas como las plantas y el suelo, pasando por los agricultores, las agricultoras y los actores no rurales, hasta abarcar las entidades estatales y supraestatales.

Si bien en nuestro análisis tomamos en cuenta las interacciones entre escalas, en este capítulo priorizamos la del territorio. Lo conceptualizamos como un espacio definido por las relaciones de poder entre grupos e indivi-duos asimétricamente diferenciados por clase, etnia y gé-nero, así como por los conflictos, sinergias y oportunidades que se presentan entre los grupos y coaliciones sociales (Schejtman y Berdegué 2007; Nardi 2011; Manzanal, Arzeno y Nardi 2011). Los espacios institucionales y ecológicos se influyen mutuamente en la evolución histórica y geográfica del territorio, también en el tejido de relaciones humanas que organizan el trabajo así como la valorización y mer-cantilización de elementos materiales.

Para observar la dimensión material de los sistemas de género estudiados, hemos examinado las actividades prácticas, así como la distribución, aprovechamiento y uso de bienes y servicios humanos y no humanos. Asimismo, observamos la dimensión institucional del género en la es-tructura de las relaciones dentro de los hogares, entre hoga-res, y de estos con otros actores. Los métodos cualitativos nos permiten descubrir aspectos de las diferentes identidades y símbolos de género que constituyen la dimensión semiótica del sistema. En nuestra conceptualización, estos aspectos materiales, institucionales y simbólicos interactúan entre sí y están en constante evolución en el interior de determinados sistemas de género y las consecuentes relaciones de poder.

Un acercamiento sistémico de género enfatiza que las feminidades y las masculinidades se constituyen en contraste e interrelación, de forma tal que no es posible comprender una identidad o grupo de género sin hacer referencia a las otras posiciones y prácticas relevantes. Mientras describe ciertos fenómenos observados, el pre-sente capítulo plantea cuestiones sobre el desarrollo y el

desempeño de ciertas masculinidades rurales, a la vez
que motiva a que se realicen investigaciones en las que
se preste más atención a las masculinidades, las cuales
complementarían los numerosos estudios enfocados en
las condiciones e identidades femeninas.

En la conceptualización de Connell (2005), la masculinidad es, al mismo tiempo, la posición de ciertos actores
en las relaciones de género, las prácticas por las cuales
ellos se comprometen con esa posición de género y los
efectos de estas prácticas en la experiencia corporal, en
la personalidad y en la cultura. De esto resaltamos la relación histórica entre los cambios de identidad vividos por
los actores y los cambios socioeconómicos y discursivos
a nivel local, nacional y global. Coldwell (2009) sintetiza
tres modelos de las masculinidades rurales, cuyas expresiones son observadas en diferentes regiones del mundo.
Un modelo es el que prioriza los elementos de poder y
del control físico, la independencia y el individualismo
asociados a la agricultura moderna (Liepins 1998). Otro
está asociado al manejo de alta tecnología y la administración financiera de la agroindustria (Brandth 1995, 132).
El tercero está vinculado con la agricultura sostenible, que
valora expresiones de solidaridad y de interdependencia
social y ecológica (Peter *et al.* 2000).

Estas tendencias son consideradas agrupaciones de
prácticas e imaginarios socioculturales, no categorías dis-
cretas con las cuales se puede etiquetar a diferentes individuos. Nuestra investigación revela que existen procesos
de tensión e hibridación entre las diversas tradiciones
locales y dichos modelos de masculinidad, cuyo alcance
es global. La interacción de las diferentes masculinidades y
feminidades con las jerarquías socioeconómicas, etnorraciales y espaciales crea campos de interacción en los cuales
las diferentes identidades toman posiciones dominantes,
subordinadas o marginales.

Metodología mixta para captar
los fenómenos materiales y simbólicos

Nuestro análisis interrelaciona diferentes tipos de información que fueron obtenidos con un conjunto de métodos a varias escalas: herramientas etnográficas y participativas aplicadas a nivel de hogares y fincas, datos socioeconómicos e información histórica a nivel territorial, y la interpretación de imaginarios y discursos que circulan en los diversos niveles, incluso el global. Un examen de los datos de los Censos de Población y Vivienda de 1990 y de 2001, y de las Encuestas de Condiciones de Vida 1995 y 2006, permite conocer las condiciones y las tendencias de cambio.

La investigación con enfoque de género realizada en Loja, descrita con detalle en Portillo *et al.* (2011), incluyó técnicas de recolección de información primaria –entrevistas semiestructuradas, grupos focales, talleres y rutinas de observación participante– organizadas para dialogar con mujeres y hombres en espacios separados y de manera paralela en las distintas localidades de cada territorio.[21] Se analizaron los roles y las relaciones socioecológicas de hombres y mujeres en su trabajo (re)productivo y en relación con diversos actores del mercado, la sociedad civil y el Estado. Para entender la relación dialéctica entre las realidades biofísicas y los significados humanos, una relación vital para las dinámicas de cada territorio, consideramos las prácticas y condiciones materiales junto con los discursos y las representaciones simbólicas, reconociéndolos como fenómenos distintos e interdependientes.

---

[21]   Las dos localidades de la zona cafetalera fueron la parroquia San Antonio de las Aradas de Quilanga y la parroquia La Huaca en Espíndola. En el cantón Pindal se trabajó en el centro urbano de Pindal, en las comunidades aledañas (El Cisne, San Juan, Cristo del Consuelo, Quillusara, Tabacales, Papalango) y en La Esperancita, cerca del límite con el cantón Zapotillo.

Procesos geográficos e históricos

Durante siglos, la provincia de Loja se mantuvo aislada, física y económicamente, del resto del Ecuador. Este aislamiento aumentó cuando se debilitaron sus conexiones con la costa norte del Perú, luego de la independencia y los subsecuentes conflictos entre Ecuador y Perú. La oligarquía terrateniente dominó la economía y la política de la provincia hasta que el sistema de hacienda empezó a disolverse desde la década de 1950, debido a las sequías graves, las reformas agrarias y otros factores.

Durante las décadas siguientes, la región se caracterizó por la pequeña agricultura campesina, principalmente de autosubsistencia. Como resumen Peláez, Hollenstein y Paulson (2011, 7), frente a una serie de problemas estructurales (falta de vías de comunicación y de mercados locales y regionales) y ambientales (relativa escasez de agua, erosión de la tierra), la estrategia fue poco alentadora para la población rural. A partir de la década de 1960, la situación generó un flujo migratorio masivo: durante años, los hombres sobre todo migraron temporalmente hacia otras regiones del país y, más tarde, hombres y mujeres comenzaron a migrar hacia el exterior.

Desde la década de 1990, se incrementaron las comunicaciones que Loja mantiene con el resto del país, con el Perú (tras el acuerdo de paz de 1998) y con otros lugares, mediante las migraciones tanto dentro como fuera del país. La migración temporal ha sido históricamente importante para ambas zonas de estudio y ha tomado formas distintas en cada contexto. En la zona maicera, gran cantidad de hombres solían emigrar a la costa para trabajar como temporeros en las épocas de baja ocupación agrícola en Loja; desde 1998, llegan numerosos temporeros peruanos para las cosechas de maíz. En la zona cafetalera, aumentó a fines del siglo XX la migración internacional, principalmente a España, impulsada por la crisis nacional y por la crisis del café. Los cuatro cantones cafetaleros que estudiamos (Calvas, Sozoranga, Espíndola y Quilanga) presentan la mayor emigración internacional de la provincia y constan entre los diez primeros del Ecuador (Ospina *et al.* 2012).

Las ideas y los modelos de género observados durante esas experiencias migratorias, así como los patrones de distribución e inversión de las remesas provenientes del extranjero, influyen en las dinámicas locales de género. En la zona maicera, son los hombres quienes han migrado y retornado con el dinero. En la zona cafetera, en contraste, han migrado tanto los hombres como las mujeres, y a veces la pareja; las remesas que envían han llegado sobre todo a manos de las mujeres. Ospina *et al.* (2011, 10) sostienen que "el control del dinero de las remesas de los migrantes es marcadamente femenino: aunque el promedio que reciben varones y mujeres es similar, existen en Loja tres veces más mujeres que hombres recibiendo remesas del exterior". Estas experiencias migratorias y del manejo de remesas coinciden, en la zona cafetalera, con el desarrollo de las diferentes prácticas de género observadas: en determinados hogares, es evidente la participación protagónica de las mujeres en las actividades productivas, mientras en otros, no lo es.

Las áreas donde se produce principalmente el maíz están ubicadas tanto en el ecosistema de bosque seco montano bajo como en el seco premontano y en el muy seco tropical. El verano largo, seco y con altas temperaturas favorece la productividad del maíz. Históricamente ha predominado la pequeña propiedad en la estructura agraria de la zona maicera; recientemente se observan aumentos en el tamaño promedio de las fincas, impulsados por la expansión de algunas propiedades. El sistema ecológico en donde se produce el café es el del bosque montano húmedo bajo y del bosque húmedo premontano. Este último, al ser más tupido, mantiene mayores grados de humedad y permite la acumulación de materia orgánica, ideal para el café de sombra. En las décadas de 1960 y 1970, el territorio cafetalero experimentó importantes cambios a partir de las reformas agrarias; de haciendas medianas o grandes, rodeadas de propiedades campesinas marginales, se pasó a minifundios unifamiliares, los cuales dominan el paisaje actual.

Tanto en la zona maicera como en la cafetalera, las topografías varían de accidentadas a muy accidentadas. En las dos zonas, el maíz y el café se constituyeron en los principales cultivos comerciales desde hace décadas. Asimismo, la importancia de los cultivos de subsistencia y otros productos comerciales (como la ganadería) varía entre hogares y a través del tiempo y el espacio. No obstante, un aspecto que diferencia a una zona de la otra es la organización, por género, del acceso y el uso de los recursos productivos, aspecto que tratamos a continuación.

La intensificación del maíz comercial

En el territorio de Pindal fueron ocurriendo cambios importantes desde que se intensificó el uso de paquetes tecnológicos de semillas híbridas de maíz junto con agroquímicos. Esto dio como uno de los resultados el aumento de la productividad y la rentabilidad del maíz duro. Si bien desde la década de 1980 ya se estaban usando esos paquetes, a partir de la década de 2000 se difundieron mucho más rápidamente. Para el año 2009, el 90% de los productores de maíz aplicó el nuevo paquete tecnológico (Ospina *et al.* 2011, 29). Esta expansión fue impulsada por el crecimiento de la industria cárnica nacional que, aunque nació en los años setenta, experimentó un *boom* desde 2001. Desde entonces, se ha duplicado la producción nacional de pollos y huevos, y en 2011, el 94% del maíz amarillo nacional fue acopiado por la industria de alimentos balanceados.

La adopción del nuevo sistema productivo y el aumento de la productividad fueron extraordinariamente rápidos; solo con el tiempo comienzan a descubrirse ciertas amenazas que atentan contra la seguridad económica familiar y la sostenibilidad socioecológica. Como resumen Ospina *et al.* (2012):

> La nueva dinámica territorial centrada en el maíz se basó en una transformación tecnológica radical. La mayoría de los campesinos maiceros adoptaron el paquete tecnológico en pocos años, porque lograron un notable aumento de la productividad y tuvieron facilidades para conseguir los insumos, así como crédito para comprarlos. Según nuestra encuesta, en 2009 la productividad promedio del maíz en Pindal fue de 69,4 quintales por hectárea, frente a los 40 quintales por hectárea del cultivo "tradicional". Apenas el 10% de maiceros no aplica el paquete tecnológico. Según datos oficiales, la productividad de la provincia de Loja creció en la década de 2000 a un ritmo mucho mayor que el de las otras provincias maiceras del Ecuador (INEC y MAGAP 2004-2008). Solo inicialmente tal aumento de la productividad repercutió en un aumento de la rentabilidad, porque el punto débil del paquete son los altos costos de producción.

La escasa resistencia de los productores a la expansión del maíz duro se debe, de forma parcial, al previo inicio de un debilitamiento de los sistemas agropecuarios más diversificados, un proceso que la expansión del maíz exacerba marcadamente. Una larga historia de autosubsistencia alimentaria en la zona exigía, en el pasado, que la producción agrícola fuera diversificada; incluía maíz criollo, fréjol, yuca, guineo y café, así como la crianza de animales menores como cabras, borregos, gallinas y pavos (Ospina *et al.* 2011, 23). La gente del lugar reporta que antes hubo una mayor participación de las mujeres en las decisiones sobre la producción agropecuaria, en especial en las huertas diversificadas y los cultivos relacionados con el consumo familiar, lo que corresponde a un patrón común en muchas partes de los Andes. Lo que es más, el patrón de migración masculina dejó a muchas mujeres a cargo de las fincas durante parte del año. El estudio de Alexandra Martínez (2002a) describe las anteriores tradiciones de producción en la misma zona, organizadas por relaciones de parentesco y reciprocidad, en las cuales participaron hombres y mujeres. Una marginación gradual de los cultivos diversos y de la participación femenina en la agricultura durante las últimas décadas del siglo XX parece haber facilitado la expansión rápida del maíz "tecnificado" y fue, sin duda, exagerada con esa expansión.

Otro factor condicionante de las decisiones productivas –tales como la de dedicar casi todos los recursos a la producción de maíz comercial– son los arreglos de parentesco y residencia. Martínez (2002a, 31) documenta los patrones de virilocalidad, un arreglo que tiende a limitar el poder de las mujeres, quienes, al casarse y mudarse a los lugares donde residen sus esposos, quedan marginadas de su grupo de parentesco y de la tierra y otros recursos manejados por ellos. Cuando un hogar accede principalmente a recursos provenientes del esposo y de su familia, la esposa tiende a tener menos control y decisión sobre estos recursos. Todas las mujeres de las tres parejas que participaron en el estudio en La Esperancita venían de otros lugares. La falta de parientes en la misma comunidad también puede limitar la participación de las mujeres y el ejercicio de algún poder en los espacios públicos de decisión. De hecho, en La Esperancita, solo una de los 59 miembros de la organización de base de la Corporación de Productores Agropecuarios (CORPAC) era mujer, aunque según los testimonios recogidos, cuatro socias habían participado (Portillo *et al.* 2011, 32). En tanto, la falta de voces femeninas en las decisiones del hogar y la comunidad lleva a que los temas que son frecuentemente priorizados por mujeres, como la seguridad alimentaria o el valor nutricional y cultural de los productos, se vean marginalizados con más facilidad de las discusiones. Esa configuración de género, parentesco y residencia interactuó con la concentración de la tierra en determinados hogares más que otros y con el debilitamiento de las organizaciones comunales para establecer el contexto en el cual un poderoso complejo agroindustrial –conformado por empresas nacionales e importadoras de insumos– logró establecer relaciones (desiguales) con los hombres campesinos del territorio, relaciones que han influido, de manera dramática, en el desarrollo posterior del territorio.

A partir de 2002 se consolidó una coalición tripartita entre el Banco de Loja, la empresa PRONACA (Procesadora Nacional de Alimentos, una de las principales productoras de alimentos balanceados y cárnicos del país) y actores locales. Ospina *et al.* (2012) enfatizan que la iniciativa vino de afuera del territorio y que su impacto, tan rápido como desmedido, se debe tanto al aumento inicial de la rentabilidad y productividad del nuevo paquete tecnológico como al (des)balance entre la débil organización local y los poderosos grupos de fuera del territorio, ligados a las empresas y a un mercado seguro.

También es notable el hecho de que los actores que promovieron la dinámica (técnicos, vendedores de insumos, extensionistas públicos, agentes de crédito) fueron hombres, quienes se contactaron directamente con otros hombres –los campesinos del lugar– mediante el contacto estratégico con organizaciones como es el CORPAC, cuyos 650 socios son el 86% hombres. De forma simultánea, movilizaron ciertos imaginarios y discursos sobre la masculinidad para motivar la participación de los agricultores locales, identificarse con estos y establecer vínculos de colaboración. Las imágenes de masculinidad que circulan en la red productiva y comercial del maíz –por ejemplo, las que se expresan en los materiales publicitarios y educativos– valoran el uso de la fuerza física y la aplicación de tecnología moderna a fin de dominar la naturaleza y generar una renta económica. Representan el potencial del territorio de manera productivista masculina. Ausentes de este espacio comunicativo están la mención de las tareas y los conocimientos identificados como femeninos y los relacionados a la regeneración ambiental, como también las imágenes de las agricultoras.

A través de la mercadotecnia de insumos y semillas, se asoció el maíz tecnificado con una cierta masculinidad rural. La publicidad incluye imágenes y textos violentos y fálicos asociados con los nombres de las marcas, tales como "El Aventajado", "Trueno", "Tuco", "Reventador", "El Gallo". Un ejemplo es el logo de la corporación proveedora Agripac, que desde la década de 1970 incluye al personaje "Agripito", que representa un hombre al que le sobresale de la zona púbica una "manguera" rígida; en otra imagen se extienden de la misma región rayos radiantes. También están las marcas "AtaKill", "Killer", "Fulminado", "Terminator", "Bala", que pueden relacionarse a masculinidades violentas que se imponen sobre la naturaleza y que hiperbolizan la potencia física.

Una campesina que participó en el estudio asoció la adopción de ciertas tecnologías con la progresiva exclusión de las mujeres del trabajo agrícola. "Para la producción no participamos mucho porque siempre para la producción siempre los que hacen son los hombres. (...) Ahora todo lo hacen a base de bombas, todo eso ya hombres". Estas representaciones se corresponden con la configuración observada por Martínez (2002b, 36) en Pindal, donde "producir el maíz y dejar la comida son actividades opuestas (...) relacionadas con la masculinidad y la feminidad". El estudio de Martínez, realizado justo antes del *boom* del maíz comercial, muestra que al fin del siglo XX la siembra tradicional del maíz en la zona ya era bastante masculinizada, una tendencia reforzada con el nuevo sistema.

La masculinización de la agricultura moderna no es un proceso nuevo; ha sido señalado en varias partes del mundo durante la segunda mitad del siglo XX, cuando las agencias nacionales e internacionales de desarrollo agrícola jugaron un rol protagónico en la transferencia de nuevas tecnologías y conocimientos directamente a los hombres, no así a las mujeres, en diversos países. Hoy en día, estas mismas organizaciones han reconfigurado sus discursos y estrategias para reconocer el hecho de que las mujeres producen más del 50% de los alimentos cultivados en el mundo (FAO 1995). Las mujeres realizan gran parte de este trabajo dentro de los sistemas agropecuarios tradicionales, mientras que otra parte lo hacen en calidad de empleadas de agroindustrias modernas, cuyas modalidades de empleo describimos en el primer y el octavo capítulo de este libro.

Los procesos de masculinización de la agricultura moderna han sido ampliamente criticados por sus impactos negativos sobre las mujeres y el ambiente (Shiva 1989, 1991). Solo recientemente se están reconociendo ciertos impactos perjudiciales para los hombres rurales. Coldwell (2009, 180-81) observa:

> La masculinización de la agricultura y de las comunidades rurales no necesariamente ha sido positiva para los hombres en todos sus aspectos. Durante este proceso las mujeres se han desplazado hacia formas de empleo no-agrícolas que llegan, en muchos casos, a su abandono del espacio rural. Muchas mujeres ahora están mejor educadas, tienen más capacidades y son más independientes. Los hombres frecuentemente se quedan solos para administrar las fincas y son marginados y vistos como "no-modernos, atrasados y desfavorecidos" en comparación con las mujeres, a quienes se las considera activas e independientes.

¿Qué efectos tiene la expansión del maíz comercial en la sostenibilidad económica, sociocultural y ambiental? Primero, el incremento de la producción ha influido en la organización espacio-temporal del trabajo de manera que intensifica cierta labor realizada por mujeres a la vez que niega el apoyo técnico y el reconocimiento de esta labor. Según la matriz de tareas por género aplicada en los grupos focales, las mujeres tienden a no intervenir mucho en las labores de campo durante la mayor parte del ciclo productivo ni a ser contratadas como jornaleras (Ospina *et al.* 2011, 31; Portillo 2011, 22, 36). Lo que sí hacen es trabajar, muchas horas seguidas, en la preparación de los alimentos y su distribución; también se encargan de preparar el alojamiento para los jornaleros contratados. A pesar de la importancia de este trabajo para la producción agrícola, especialmente en las épocas de siembra y cosecha, las prácticas de representación cultural que divorcian el trabajo productivo de la reproducción de la fuerza de trabajo hacen que esos aportes a la producción agrícola se vuelvan invisibles; son simplemente considerados como trabajo doméstico y femenino. No es claro cuán sustentable es tal situación.

Los impactos sobre el ecosistema también interactúan con el género. Los paquetes tecnológicos que impiden sembrar el maíz intercalándolo con otros cultivos eliminan prácticas comunes en otras partes en las cuales las mujeres manejan cultivos intercalados de leguminosas, destinadas principalmente al autoconsumo en prácticas que devuelven nutrientes claves al suelo. A la degradación del suelo se suman los riesgos de salud pública relacionados con el uso extensivo de agroquímicos. El trabajo con químicos justifica una rígida división sexual del trabajo, acompañada de discursos que establecen como "natural" que los hombres se expongan a los tóxicos y arriesguen su salud, mientras que las mujeres deben ser protegidas (esto a pesar

de que los agroquímicos, al contaminar el agua y los suelos, afectan a toda la gente que vive en las comunidades).
¿Qué medios tienen los hombres de Loja para cuestionar
un sistema de género que construye como "naturalmente
masculina" la voluntad de exponerse a contaminantes y
peligros a veces mortales?

En cuanto a la sostenibilidad económica, la dependencia de insumos importados cuya compra se financia
mediante créditos aumenta la vulnerabilidad de los hogares
campesinos. Sus ingresos dependen, además, del precio
de mercado de un solo producto; los hogares corren el
constante peligro de que este baje, en el caso, por ejemplo,
de que se abriesen las importaciones.

No obstante, las transformaciones en la zona también
se vinculan con sinergias y oportunidades de cambio in-
teresantes. Los efectos del aumento de los ingresos y de la
reducción de la pobreza ocurren junto con una expansión
de las oportunidades en la educación, que pueden relacionarse con opciones y capitales alternativos a la agricultura, y tal vez fuera de la comunidad rural. Esto podría
formar parte de la expansión de los avances educativos y
vocacionales entre las mujeres, fenómeno reciente que
está transformando al continente, como también facilitar
el desarrollo de una mayor gama de talentos e intereses
entre los diversos hombres.

Las nuevas estrategias cafetaleras

El final de los años noventa fue catastrófica para el
territorio cafetalero de Loja: los precios internacionales
del café cayeron en picada, los dirigentes y agricultores
migraron a España y los cafetales se convirtieron en potreros
para el ganado. En medio de esta situación desfavorable,
algunos agricultores encontraron una alternativa en el

mercado internacional orgánico que ofrecía mejores precios. Desde entonces, la producción de café de altura se ha diversificado a tal punto que, según una encuesta de 2009, el 41% de los hogares produce café lavado (pergamino) certificado al lado de los otros que continúan con la práctica convencional de producir cerezas secas, llamado "café en bola" (Ospina *et al.* 2011, 17). El presente análisis se basa en una investigación enfocada en hogares que producen café lavado. Uno de los resultados analíticos es identificar la necesidad de comparar, en futuras investigaciones, los arreglos y prácticas de género dentro de los hogares participantes en la dinámica nueva con los hogares que se quedan fuera.

La producción de café certificado se desarrolló mediante nuevas redes de producción orgánica y de comercio justo conformadas por los caficultores, las organizaciones campesinas, las cooperativas comerciales, las ONG y las cooperativas de ahorro y crédito. Ospina *et al.* (2012) sostienen que los pequeños agricultores locales tomaron la iniciativa en la formación de dichas coaliciones, las cuales se han convertido en una alternativa frente a los comerciantes tradicionales. Dicha iniciativa no hubiera sido posible sin las previas experiencias, principalmente de los hombres, en las organizaciones campesinas y en los proyectos relacionados con la gestión ambiental. A esto se suma una tradición de género en la cual hombres y mujeres habían consolidado diferentes redes y formas de capital social, que han sido aprovechadas en el actual proceso.

Un factor que favoreció a la nueva dinámica del café certificado entre una parte de los hogares es la facilidad con que las mujeres de estos hogares participaron en aspectos de la producción, cosecha y poscosecha del cultivo comercial. Esta facilidad se debe, parcialmente, a que algunas mujeres habían trabajado en sus propios terrenos, así como de jornaleras en las haciendas de café. Esta tradición es ejemplificada por doña Rosa, quien manifestó que ella ha trabajado en el campo desde hace décadas; comenzó a hacerlo cuando se casó, continuó durante la reforma agraria y actualmente trabaja aún más. El hecho de que ella haya intensificado sus labores agrícolas ahora que sus cinco hijos han migrado apunta a los cambios de los roles de género durante el ciclo de vida familiar y también al impacto que la migración tiene sobre las modalidades laborales.

Es importante aclarar que una división del trabajo por género menos rígida en ciertas tareas no siempre coincide con una distribución más flexible de los capitales, las decisiones productivas, el poder político y otros. Si bien no contamos con evidencias de que este haya sido el caso en Loja en épocas anteriores, las evidencias actuales que tenemos sí sugieren que la participación activa de las mujeres en las labores productivas ha facilitado la aparición de otros procesos que contribuyeron a que las mujeres dedicadas al café desarrollaran una mayor autonomía, si se las compara con las que viven en la zona del maíz. Un factor es su habilidad para obtener remuneración trabajando como jornaleras; otro es el reconocimiento del rol laboral y administrativo que ellas cumplen en los hogares que producen café certificado. El manejo de las remesas internacionales, que ha permitido a los hogares entrar en las nuevas redes, es otro factor que ha generado una mayor autonomía para las mujeres. Las personas que reciben dichas remesas (la mayoría de las cuales son mujeres) han ahorrado estos ingresos en cajas de ahorro y crédito locales y, eventualmente, cooperativas, las mismas que otorgan los créditos necesarios para la producción. De esta manera se ha reducido la dependencia que los hogares mantenían con los comerciantes de ciudades intermedias como Cariamanga.

La iniciativa y las estrategias de los agricultores lojanos para conectarse con las redes internacionales de comercio justo y orgánico se deben a una confluencia de factores, entre ellos, los aprendizajes de experiencias previas. En esta zona, donde la reforma agraria tuvo impactos profundos, la masculinidad campesina se vinculó a la lucha por la tierra, y los agricultores hombres cuentan con décadas de experiencia en la formación de organizaciones locales. Por otro lado, los valores y las ideas relacionados con la gestión ambiental se desarrollaron en la zona durante los años noventa mediante la interacción con el proyecto Desarrollo Forestal Campesino (DFC) gestionado por la Organización de las Naciones Unidas para la Agricultura y la Alimentación (FAO), que fue pionero en promover acercamientos al manejo de sistemas agroforestales sensibles a los conocimientos y prácticas culturales, y en el cual se prestó gran atención a los asuntos de género en los procesos de investigación y capacitación (Chiqueno *et al.* 1995; Choque Salas 1994; Maldonado 1991; Paulson 1998). Por su parte, las diversas organizaciones comerciales, así como las ONG vinculadas al comercio justo y a la producción orgánica, también manejan y promueven modelos que valoran la interacción equitativa y solidaria.

Para vender el café certificado, los productores deben: cambiar la forma de procesamiento tradicional a otra de procesamiento húmedo (lavado), participar activamente en la organización, recibir capacitaciones, asistir a reuniones y cumplir con las cuotas de cosecha. Si bien convencionalmente el uso de agroquímicos parece ser infrecuente, la red orgánica prohíbe su utilización. El manejo del suelo es más exigente para el café certificado, puesto que hay restricciones en los métodos de deshierbe y el cultivo debe asociarse en un sistema agroforestal biodiverso con varias especies de árboles leguminosos. Esta nueva gama de actividades laborales y organizativas requiere mucha atención y más trabajo. En los hogares que logran implementarlo, un factor clave parece ser el involucramiento activo de mujeres y de hombres.

En las primeras conversaciones mantenidas con quienes participaron en la investigación, varias personas indicaron que las mujeres estaban a cargo del trabajo en la casa y la huerta casera, y los hombres del trabajo en la finca. Sin embargo, las entrevistas en profundidad, las cifras de la encuesta y la observación participante revelan que las mujeres también trabajan en las fincas cafetaleras en diversas tareas, especialmente en la cosecha y poscosecha. Lo hacen no solo bajo la forma de "ayuda", sino también como jornaleras pagadas y por intercambio ("presta brazos"). Esta participación activa de las mujeres en varias labores y espacios agrícolas marca una diferencia importante con lo que ocurre en la producción de maíz.

Una tarea que es realizada exclusivamente por un grupo de género es la preparación y transporte de alimentos al campo: tal como en la zona maicera, está a cargo solo de las mujeres y las niñas. Es decir, en los dos territorios, un hogar que no cuenta con mujeres capaces de asumir esta responsabilidad se enfrenta con dificultades para su producción agrícola. A pesar de que el conocimiento técnico y el esfuerzo físico necesarios para la preparación y transporte de los alimentos son un aspecto imprescindible de la producción agrícola, no son representados discursivamente como "actividades productivas" ni en la zona cafetalera ni en la maicera. Más bien son etiquetados como actividades "domésticas", constituyentes simbólicos de la feminidad. La cosecha de café certificado requiere, aún más que la cosecha del maíz comercial, una gran inversión de esfuerzo físico y de organización logística para la alimentación y alojamiento de los trabajadores; son las mujeres quienes se encargan. A diferencia de lo que ocurre en la zona maicera, las mujeres involucradas en la producción de café también participan en las diversas etapas de la cosecha y poscosecha en sus propias fincas y son contratadas en otras. Realizan tareas que incluyen desprender los racimos, despulpar las cerezas, lavar el mucílago, secar y almacenar el café.

Según los cálculos sobre las técnicas de producción, mientras el café convencional procesado en seco requiere, aproximadamente, cuarenta jornales por hectárea para la cosecha (que consiste en arrancar con las dos manos las cerezas de los racimos más o menos maduros), el café lavado requiere hasta 160 jornales, puesto que se deben desprender de los racimos solo las cerezas maduras usando los dedos ("pepiteo"), seguido por un despulpado con máquina, un lavado en poza y un secado solar en marquesina o losa (Ospina *et al.* 2011, 19). Este incremento notable de los requerimientos de mano de obra exige mayor coordinación y más entrenamiento de quienes trabajan: hay que asegurarse de que las personas que recolectan reconozcan las pepas, racimos y plantas adecuadas, y que no cosechen café verde o podrido. En pocas palabras, necesitan personas de confianza y una buena supervisión. Con frecuencia, las mujeres son clave en la supervisión técnica de la cosecha, como fue el caso en cuatro de los nueve hogares observados en el estudio. Lo que es más, las redes sociales, mantenidas parcialmente por las interacciones constantes de las mujeres con diversos familiares y vecinos durante el año entero, son cruciales al momento de la contratación de mano de obra conocida y de confianza.

El paisaje comprende diferentes espacios de género. Los hombres que producen café lavado tienden a pasar la mayor parte del día en la finca, aunque, por su participación periódica en las reuniones y capacitaciones, sus espacios y capitales son diferentes de aquellos que cultivan café convencional. Las mujeres, además de trabajar en la finca ocasionalmente, suelen realizar actividades en el hogar y en la huerta, caminar de la casa a la finca llevando la comida y realizar actividades en otros lugares. Se observó que en el curso de estas tareas diarias las mujeres construyen y mantienen las relaciones y redes sociales que serán recursos valiosos en el ciclo del cultivo.

¿Qué efectos tiene la adopción del café certificado en la sostenibilidad económica, sociocultural y ambiental? Es probable que los cambios en la producción de café potencien la sostenibilidad ambiental en la zona, debido al uso de tecnologías ambientalmente más sanas en sistemas que promueven la diversidad agroforestal. Sin embargo, la sostenibilidad de tales prácticas depende de factores externos, no solo del mercado y de las tecnologías ajenas, sino también de valores y discursos culturales que, entre los consumidores y las consumidoras de los países europeos, motivan la valoración del café orgánico y del mercado justo. Así, la sostenibilidad de los ecosistemas locales depende de las relaciones entre diversos sitios y escalas de acción.

En el caso del café, donde el crecimiento económico es modesto y el requerimiento de mano de obra es fundamentalmente estacional, la dinámica no llega a frenar la migración que sigue afectando a la zona. La separación familiar perjudica la calidad de vida de la gente de las localidades. Si bien quienes emigran se benefician de las experiencias y los aprendizajes en otros lugares y quienes se quedan se benefician de las remesas, ellos describen desafíos a la cohesión familiar y la reproducción sociocultural.

A pesar de los beneficios económicos y ecológicos, y de las aparentes ventajas para las mujeres, ¿por qué menos de la mitad de los hogares participa en la dinámica del café? La expansión de la dinámica del café certificado es más lenta que la del maíz de alto rendimiento: incluye menos de la mitad de los hogares encuestados. La situación apunta a señalar las barreras que limitan la participación de ciertos hogares. Los técnicos de la Asociación de Productores de Café de Altura de Espíndola y Quilanga (PROCAFEQ)

estiman que el mayor desafío para la adopción del café
lavado es la cantidad de trabajo especializado requerida
para la cosecha y la poscosecha. Nuestro estudio sugiere
que para encarar el desafío de la contratación, supervisión
técnica y apoyo logístico para la cosecha y poscosecha, la
participación activa de diversos miembros de hogar –hombres y mujeres– es vital.

Observamos que las mujeres tanto como los hombres
juegan papeles protagónicos en muchos de los hogares que
participan exitosamente en la dinámica del café orgánico,
logrando así cumplir con la necesidad de mano de obra y
los desafíos de supervisión. Puede ser que ciertas normas
y prácticas de género existentes en el territorio, las mismas que restringen el protagonismo de las mujeres en las
iniciativas económicas con intensidades que varían entre
los hogares, hayan operado como una limitación para
la difusión del nuevo modelo productivo en un mayor
número de hogares. Como arguye Pablo Ospina: "Visto
con un prisma de género, la lentitud en la adopción del
nuevo paquete tecnológico del café orgánico sugiere que
la marginación productiva y social de las mujeres en los
hogares más convencionales, y su mayor restricción al
ámbito doméstico, es poco compatible con el éxito en los
procesos productivos vinculados al café certificado". [22]

El género en los procesos
de cambio social y ecológico

La incorporación de los hogares de Loja a las diferentes
redes de producción y comercialización agrícola ha dependido, en parte, de la organización y significación del género,
tanto en los espacios agroecológicos locales como en los

---

[22]   Comunicación personal mantenida en 2012.

diferentes eslabones de las cadenas globales de producción y comercialización. En el primer territorio analizado, una situación en la que los hombres se encargaron de la producción agrícola facilitó la acogida y el éxito de un proceso modernizador y masculinizado en la producción de maíz comercial vinculada a la industria cárnica. En el segundo, en una parte de los hogares, la participación activa y diferenciada de hombres y mujeres en el manejo de remesas y en la producción agrícola facilitó que estos adoptaran la nueva dinámica de producción orgánica de café y del comercio justo, y que las mujeres participantes ganaran mayores ingresos y autonomía. Para los otros hogares, cuya participación es limitada por falta de mano de obra, entre otros factores, las tradiciones que restringen la participación activa de las mujeres en la administración y en las labores agrícolas parecen ser factores limitantes.

En esos procesos, los actores, ideas e instituciones que constituyen las coaliciones influyeron en las prácticas y los significados de género en los territorios. Así, las identidades y relaciones asociadas con la masculinidad y con la feminidad constituyen un campo de diálogo entre las tradiciones locales y los modelos nuevos de circulación global.

A nivel territorial, los cambios históricos provocaron diferentes resultados económicos dependiendo de los espacios sociogeográficos. La dinámica del maíz comercial está relacionada con las mejoras del ingreso y la reducción de la pobreza; a la vez, los cambios llegan a aumentar la brecha de desigualdad de los ingresos y de la propiedad entre los hogares, así como acentuar la tendencia previa que margina a las mujeres de las decisiones y de los capitales económicos. La dinámica del café lavado da como resultado un crecimiento económico menos marcado que en el caso del maíz, aunque la distribución del ingreso es más equitativa; a la vez, se ha incrementado el acceso de las mujeres a los capitales mediante el manejo de las remesas y los créditos, el trabajo remunerado durante la cosecha del café y la participación activa en su producción.

En ambos territorios los procesos de mercantilización de la producción agraria han ido acompañados de sinergias y también de conflictos socioecológicos. El tiempo y los otros recursos utilizados para la producción del maíz y del café lavado compiten con los necesarios para desarrollar otras actividades que antes propiciaron una mayor diversidad agroecológica y económica. Con esto, están apareciendo sistemas de producción especializados para responder a las exigencias del mercado mientras la diversidad socioambiental en algunas de las fincas estudiadas se está homogeneizando, proceso que parece estar más extendido entre los productores de maíz.

Las normas y prácticas tradicionales de género, al interactuar con nuevas visiones y opciones, abren múltiples posibilidades. No es necesariamente un problema en sí. Los problemas surgen cuando las identidades se asocian con el acceso desigual a los diferentes capitales y poderes: económicos, políticos y simbólicos. En el análisis de estos dos casos, el hecho de que los conocimientos, prácticas y capitales asociados a las feminidades sean diferentes a los de las masculinidades es un factor que puede potenciar los sistemas productivos familiares en determinados contextos. También sugiere que las coaliciones y las tendencias históricas que empoderan a solo un grupo o a una parte del sistema pueden alcanzar metas económicas de corto alcance, pero además, dar lugar a desequilibrios que van más allá de las identidades de género.

CAPÍTULO 7. SUPUESTOS HEREDADOS
QUE SUBYACEN EN LOS INSTRUMENTOS DE INVESTIGACIÓN Y EN LOS MARCOS DE ANÁLISIS

This chapter motivates the reader to look critically at prevalent research methods and to uncover assumptions and practices that limit our ability to see relevant aspects of the phenomena studied. A critical look at the Gender Gap Index demonstrates academic practices that render invisible the constraints faced specifically by men. While the database is large and reliable, analytic choices lead to an incomplete reading of the data. Although statistical averages presented in the appendices show that, in each country, men do better in some indicators and women in others, the index itself (often used to benchmark governmental and nongovernmental initiatives) is based only on gaps that disfavor women. The chapter proposes research tools and categories for obtaining more specific information necessary for gender-aware analysis of territorial dynamics. The five steps discussed are: framework and scope of study; disaggregation of data by gender, selection of units of analysis and research categories; distinguishing between material practices and symbolic discourses; and seeing gender on micro, meso and macro scales.

Las pautas metodológicas que guiaron las investigaciones sobre las DTR con enfoque de género (Paulson y Equipo Lund 2011), extractos de las cuales se incluyen en este capítulo, enfatizan que las ideologías de género se manifiestan no solo en los fenómenos a ser investigados, sino también en los marcos e instrumentos de investigación. La visión de género implícita en algunos acercamientos comúnmente utilizados torna invisibles las especificidades de género e ignora las relaciones de poder asociadas con género. En su artículo "Alicia en el país de la biodiversidad", María Cuvi (2006) identifica el mayor desafío del trabajo intelectual con género en lidiar con la pretensión de los principios de neutralidad y objetividad en los currículos universitarios y en la investigación científica. Cuvi observa que "estos principios impiden a docentes, hombres y mujeres, tomar conciencia, tanto del carácter androcéntrico de la ciencia que practican como de la interrelación entre las relaciones de género y el resto de las relaciones sociales" (2006, 107).

El presente capítulo motiva a lectores y lectoras a que revisen críticamente varios métodos usados con frecuencia, puesto que pueden basarse en supuestos y prácticas que limitan la capacidad de ver aspectos importantes de los fenómenos estudiados. También propone instrumentos y categorías de investigación que permiten captar más información concreta relevante al análisis de género en las dinámicas territoriales. Los cinco pasos de investigación comentados son: delimitar el campo de estudio; desagregar los datos por género; seleccionar unidades de análisis y categorías de investigación; distinguir entre las prácticas materiales y los discursos simbólicos; ver género en escala micro, meso y macro.

Delimitar el campo de estudio para no excluir elementos vitales

Definir el campo de investigación e identificar los fenómenos y sujetos a ser estudiados es un paso fundamental que influye en la calidad de la investigación y en su capacidad de iluminar o de ocultar aspectos de género existentes en el territorio. Es bien conocido que la investigación convencional sobre una determinada población muchas veces ha tomado solo a los hombres como ejemplos de toda la población, produciendo, así, resultados incompletos y sesgados (Fox Keller 1996). De manera paralela, pero mucho menos reconocida, los estudios con enfoque de género a menudo se concentran solo en mujeres, y así producen resultados incompletos y sesgados. Alertamos sobre la necesidad de examinar un conjunto de datos más completos en los estudios de género –los relacionados con las condiciones de los hombres y también de las mujeres– y argumentamos que este cambio en los marcos de investigación y análisis de género es necesario para poder contribuir a políticas y programas que podrán tener impactos más integrales y sostenibles.

Los estudios realizados con un marco más completo generan preguntas sobre ciertos supuestos culturales profundamente arraigados. Específicamente, la combinación de la información sobre condiciones que perjudican a los hombres, como categoría, con las que perjudican a las mujeres pone en entredicho la creencia generalizada de que la subordinación de las mujeres favorece a los hombres. Los cuadros estadísticos del *The Global Gender Gap Report* (Hausmann *et al.* 2011) iluminan ciertas diferencias entre los países de la región, como vimos en el capítulo dos. Un hecho visible en los apéndices pero no reconocido en el mismo informe es que Guatemala –el país latinoamericano que muestra la mayor brecha de género en desmedro de las mujeres– también tiene algunas de las mayores brechas de género que perjudican a los hombres. Por ejemplo, diez guatemaltecos son asesinados por cada víctima mujer (Programa de las Naciones Unidas para el Desarrollo, Guatemala 2007, 30), y nueve se suicidan por cada mujer que lo hace (Jacobsen 2002, anexo cuadro 11). Se registran, asimismo, notables desventajas para los hombres en El Salvador y Colombia: dos de los pocos países en el mundo (junto con Nigeria, Mali y Tanzania) cuya brecha ha crecido entre 2006 y 2011 en las variables que perjudican a las mujeres.

La creencia de que los hombres "ganan" en los actuales sistemas de género se mantiene por prácticas académicas que tornan invisibles las específicas limitaciones de género que ellos enfrentan. El antes citado *Gender Gap Report* es un ejemplo del tipo de ciencia parcializada a favor de los problemas de las mujeres. En este caso, la base de datos es grande y confiable, con información desagregada entre hombres y mujeres, pero el marco de interpretación lleva a una lectura incompleta de los datos. En los promedios estadísticos que constan en los apéndices de dicho informe, se muestra que en la mayoría de los países latinoamericanos a los hombres les va mejor en los aspectos relacionados con el poder político y las oportunidades económicas, mientras que a las mujeres les va mejor en los aspectos relacionados con la educación, la salud y la supervivencia. Sin embargo, el propio índice (la parte del informe que es la más utilizada en las iniciativas gubernamentales y no gubernamentales como punto de referencia) solo considera las deficiencias que perjudican a las mujeres. En una medida que elimina evidencia significativa, el índice reduce a 1/1 todas las proporciones en que las mujeres superan a los hombres. El siguiente extracto (Hausmann *et al.* 2011, 4 y 5) justifica el ocultamiento de las diferencias de género en desmedro de los hombres:

> Truncar los datos en cada variable se traduce en la asignación del mismo puntaje a un país que ha alcanzado la paridad entre mujeres y hombres y a un país en que las mujeres han superado a los hombres (...) Para capturar la igualdad de género, dos escalas posibles fueron consideradas. Una es la negativa-positiva que captura el tamaño y la dirección de la brecha de género. Esta escala penaliza las ventajas tanto de

los hombres sobre las mujeres como de las mujeres sobre los
hombres, y da los puntos más altos a la igualdad absoluta.
La segunda es una escala de un solo lado que mide cómo las
mujeres se acercan a la paridad con los hombres, pero no
recompensa o penaliza a los países para tener una brecha de
género en la otra dirección (...) Encontramos que la escala
de un solo lado es más apropiada para nuestros propósitos.

Las distorsiones que este índice provocan en la ca-
racterización de los países de nuestro estudio, debido a
la aplicación de "una escala de un solo lado", se revelan
cuando se desagrega el subíndice de educación compuesto
de cuatro valores. Para construirlo, los autores han (mal)
representado como 1/1 las proporciones que de hecho
favorecen a las mujeres (las tasas relativas de matrícula en
la escuela primaria, la secundaria y en el nivel superior),
y como inferior a 1 la única proporción que las perjudica
(tasa de alfabetización). El resultado es una representación
errónea de las brechas netas en la educación en estos
países: aparecen como si fueron desfavorables para las
mujeres, pese a que las cifras específicas muestran que
las categorías más perjudicadas actualmente son las de
los hombres y los niños.

Las posturas epistemológicas y metodológicas que
tornan invisibles aquellas limitaciones y perjuicios de género que atraviesan los hombres, o a ciertos grupos de
hombres, contribuyen a la producción de una mala ciencia
en la medida en que arrojan representaciones inexactas
e incompletas de la realidad empírica. Además, dichas
posturas no son necesariamente convenientes desde un
punto de vista político, inclusive si la intención es promover metas a favor de las mujeres. Al eliminar aquella
información que podría motivar a los hombres a participar
en los diálogos y las iniciativas sobre asuntos de género en
función de sus propios intereses, se deja a la mayoría sin
incentivos claros para hacerlo. El altruismo o el sentido de

la justicia, frecuentemente invocados para "ayudar" a las mujeres, son un incentivo débil para aquellos hombres que conciben el género como un juego de suma cero, en el cual el empoderamiento de las mujeres debilita a los hombres. Y de hecho, durante nuestra participación en decenas de talleres, cursos, conferencias y seminarios relacionados con el género en América Latina, en las últimas dos décadas, hemos podido constatar que los hombres rara vez superan el 10% de quienes participan en los diálogos e iniciativas relacionados con el género en la región.

Una postura alternativa es reconocer que los sistemas de género dominantes limitan tanto a las mujeres como a los hombres, pero que también ofrecen oportunidades y significados que pueden ser valiosos para los miembros de diversos grupos. En este marco, los objetivos de paridad de género pueden ayudar a las sociedades a desafiar las condiciones que perjudican bien sea a los hombres, bien sea a las mujeres y también a otras categorías de género, como gays, lesbianas, travestis. Considerar, así, a una mayor diversidad de actores motivará la colaboración entre ellos para criticar, imaginar y adaptar los sistemas de género dominantes a las nuevas visiones y contextos.

Desagregar los datos por género

La información empírica y los datos estadísticos son claves en el esfuerzo por entender las dinámicas de cambio en América Latina. También lo es la desagregación de tal información por las categorías de género relevantes. La frecuencia con la que los parámetros estadísticos tomados como "neutros" presentan una representación distorsionada de la información o las opiniones por género ha constituido un foco de atención en las conferencias mundiales y en las políticas de desarrollo, población, salud pública e igualdad de oportunidades. Por lo tanto, la desagregación por género es ahora considerado un aspecto necesario del rigor científico en todos los datos obtenidos durante la recolección de información cuantitativa y cualitativa sobre humanos, así como también en el análisis de las fuentes secundarias, al acudir a datos censales y a otras fuentes estadísticas. Según el contexto y el enfoque del estudio, además del género, puede ser útil desagregar los datos por grupos etarios, etnicidad y otras dimensiones relevantes.

No obstante, una gran parte de la investigación comparativa sobre territorios rurales ha sido realizada con herramientas que no permiten reconocer las importantes diferencias de género. Lo que es más, en algunos casos se han combinado los datos censales y otros que son desagregados por género en su forma original, imposibilitando el reconocimiento o análisis de las características y dinámicas de género relevantes. Complementar las investigaciones territoriales (que hacen invisible el género) con estudios secundarios con enfoque de género ayuda a iluminar ciertos fenómenos. También da lugar a lecciones constructivas y marcos integrales que permitirán a futuras investigaciones realizar, desde el principio, procesos más completos que llevan a resultados más específicos y poderosos.

Seleccionar categorías de investigación y unidades de análisis

La calidad de los resultados de las encuestas y otros instrumentos depende de la precisión de las categorías de investigación utilizadas en su formulación. Es básico en el desarrollo de los instrumentos explicitar con claridad el contenido de la categoría de investigación, pues así se reduce la posibilidad de que sea sustituida por vagos supuestos culturales. La práctica científica responsable también reflexiona sobre el impacto social de los mensajes comunicados mediante la repetición de las categorías en los procesos de investigación y en la difusión de resultados.

Las categorías principales del marco dicotómico de género –"hombre" y "mujer" basado en el dimorfismo biológico– han ayudado a revelar ciertos patrones de género dominantes y a mejorar ciertas condiciones de las mujeres como categoría. A la vez han conllevado resultados problemáticos. Uno es ignorar las múltiples categorías de género que son relevantes en algunos contextos y los subgrupos relevantes en otros. Otro problema es el establecimiento de temas de "la mujer" (considerada como una categoría homogénea) con base en las condiciones y demandas de ciertos tipos o grupos de mujeres. También la difusión de discursos en los que "los hombres" son representados como una sola categoría opresora y antagónica a arreglos de género más justos. Estos discursos inhiben el reconocimiento de diferencias entre los subgrupos de hombres y mujeres, así como también las potenciales colaboraciones entre ellos (mujeres urbanas con rurales, hombres con mujeres rurales) para imaginar y adaptar sistemas de género cuyas formas beneficien mejor a todos.

Una práctica académica que encubre las restricciones enfrentadas por muchos hombres es la excesiva dependencia de la categoría unitaria "hombres", ya que oculta las graves desigualdades entre los hombres ricos y los pobres, entre los heterosexuales y homosexuales, entre los blancos y los de color. En los países de América Latina, así como en otros, las brechas políticas y económicas favorecen a los hombres sobre las mujeres cuando "los hombres" son tomados como categoría unitaria, pero se presentan desigualdades aún mayores entre uno y otro subgrupo de hombres cuando son diferenciados por la clase socioeconómica o la ubicación geográfica, entre otras cuestiones. Un cruce de los datos por género e ingresos económicos,

por ejemplo, revela que en todos los países de la región
la brecha entre los hombres del quintil superior y los del
inferior es mucho mayor que la brecha entre las mujeres
del quintil superior e inferior. Por lo tanto, las condiciones extremadamente ventajosas de un pequeño grupo de
hombres tienden a inclinar el fiel de la balanza muy a favor
de la categoría general "hombres" produciendo un perfil
que no responde a las vidas de muchas personas pobres.

Otra categoría problemática es la de "jefe de hogar". La
falta de claridad sobre el contenido empírico del término y
la carga ideológica del significado que comunica han sido
ampliamente criticadas por demógrafos e investigadores.
El uso de tal categoría ha sido eliminado en la mayoría de
los organismos internacionales y en los censos nacionales
(Presser 1998) por razones explicadas en el informe del taller
de estadística de FAO (Flores y Prada 1996). No obstante,
en los contextos rurales estudiados, la categoría "jefe de
hogar" sigue predominando en los discursos y expectativas
de las instituciones de investigación y desarrollo, así como
en las representaciones socioculturales que asignan tal
función al hombre.

En cuanto a la constitución del hogar, la categoría
"hogar con jefatura masculina" obscurece diferencias
importantes entre varios tipos de hogares como el mo-
noparental masculino con hijos e hijas; el biparental
nuclear con hijos e hijas; el biparental extenso; el constituido por una pareja y el unipersonal masculino. La falta
de claridad conceptual en la aplicación de la categoría
"jefe" en los hogares con dos o más adultos también
oculta una variedad de configuraciones de residencia
y relaciones económicas y de poder. ¿Cuán claros son
los criterios que utilizan quienes encuestan y quienes
son encuestadas para identificar a uno de los miembros
del hogar como el "jefe"? Una práctica de investigación
común es la de identificar a cualquier hogar que cuenta

con un miembro adulto masculino como si fuera un caso de "jefatura masculina", incluso cuando el hombre no es el principal proveedor de los ingresos, no es el dueño de casa, no es el padre de los menores, o no es el responsable de las decisiones claves. La tendencia normativa lleva a muchos encuestadores y encuestadoras a categorizar como "hogar con jefatura masculina" incluso a los hogares donde los hombres están físicamente ausentes debido a la migración, el servicio militar, el encarcelamiento u otro motivo. Esta falta de rigor permite que la ideología influya en la investigación científica para introducir distorsiones importantes en el registro demográfico.

El término "jefe" representa en una jerarquía simple lo que son relaciones complejas entre miembros de un hogar. En contraste con esta etiqueta reduccionista, las investigaciones empíricas revelan múltiples patrones de distribución de la responsabilidad de traer ingresos económicos al hogar; el control de los recursos, las decisiones, el conocimiento, la opinión, la participación política o comunitaria y la autoridad sobre niñas, niños u otros miembros.

Reemplazar la tipología reduccionista "jefatura masculina/jefatura femenina" en la recolección de los datos con otros criterios más específicos permite interpretar los resultados según variables relevantes para la investigación. Reemplazar "jefe de hogar" también reduce la interferencia de los mensajes ideológicos diseminados en los procesos científicos. Cada vez que un investigador o una investigadora utiliza el término "jefe de hogar", está comunicando a las personas entrevistadas la expectativa de que el hogar esté organizado jerárquicamente con un jefe a la cabeza y la expectativa implícita de que este debe ser un hombre. En las realidades actuales, este mensaje es problemático tanto para los hombres como para las mujeres.

Con el propósito de reducir el error científico que se produce al aceptar acríticamente los supuestos implícitos en los instrumentos de investigación, muchas organizaciones internacionales y nacionales han adoptado nuevas unidades de análisis y categorías estadísticas. Se busca con esto, en primer lugar, evitar la definición ambigua de ciertas categorías que no tienen un contenido empírico claro y, en segundo lugar, reducir la carga simbólica de aquellas categorías cuyos mensajes ideológicos obscurecen las realidades empíricas. Esta búsqueda procura minimizar las interpretaciones ideológicas y los juicios de valor de investigadores e investigados, los mismos que perjudican la calidad de las respuestas y los resultados. Con base en los resultados de FAO e IICA,[23] Paulson y Equipo de Lund (2011), entre otros autores y autoras, recomiendan un acercamiento más crítico y cuidadoso en el uso de categorías de investigación y unidades de análisis como las siguientes: hogar vs. familia; jefe de hogar; unidad de producción agrícola; población económicamente activa e inactiva; y ama de casa.

Un ejemplo del análisis que prioriza tanto la información desagregada por género como diversidad de dinámicas dentro del hogar es el estudio de Rodríguez, Gómez y Paulson (2011) en Nicaragua. Usando tres modelos econométricos (dos *doble-log* y uno *lin-log*), analizan cómo el acceso de hombres y mujeres al empleo, la educación y los activos productivos incide en el nivel de consumo, pobreza y desigualdad en los municipios de Nicaragua. Los datos muestran una distribución muy desigual de los ingresos y de la tierra, distribución que favorece a los hombres. También sugieren que el empleo femenino tiene

---

[23]   FAO 1995. Informe del taller de estadística. Disponible en línea: http://www.fao.org/docrep/X5247S/X5247s06.htm (acceso: 12 de octubre de 2010). IICA-Colombia, 1996. Informe del taller de estadística con enfoque de género, Bogotá. Santiago: Oficina Regional de la FAO para América Latina y El Caribe. Disponible en línea: http://www.fao.org/docrep/X5247S/X5247S00.htm.

un impacto directo sobre la mejora del consumo de los hogares, especialmente fuerte si el trabajo es permanente. En general, en los municipios donde las mujeres tienen mayor acceso a ciertos activos, mejora el consumo y se reduce la pobreza. En contraste, el incremento de la superficie de la tierra bajo propiedad de los hombres redunda en el aumento del número de hogares pobres del municipio.

Este estudio, como otros, motiva a repensar críticamente el supuesto de que el apoyo al actor "jefe del hogar" es suficiente para llegar a toda la población. Si todos los residentes vivieran en hogares biparentales dirigidos conjuntamente por un hombre y una mujer, existiría la posibilidad teórica de que el beneficio de las oportunidades y los activos orientados solo a hombres o solo a mujeres podría extenderse a las otras personas de dicho hogar. En la práctica, de los hogares biparentales del territorio estudiado, más del 40% informa que el hombre dirige el hogar, sin que él necesariamente comparta el acceso a los recursos, la información y las decisiones con su pareja. Lo que es más, en un país donde más de la mitad de las mujeres jóvenes y adultas no conviven con una pareja, y donde el 30% de los hogares tiene jefatura femenina, los recursos materiales e institucionales proporcionados a los hombres "jefes del hogar" no llegan a millones de residentes, sobre todo niños, niñas, jóvenes de ambos sexos, personas mayores y mujeres adultas.

Distinguir entre fenómenos materiales y simbólicos

El dinamismo de los territorios radica en la relación dialéctica entre la materia biofísica y las visiones y significados humanos. Siendo un campo de poder importante, el género es un ámbito en el que las ideologías dominantes tienen una presencia especialmente fuerte en las

representaciones y discursos de actores y grupos. Por lo
tanto, los análisis presentados en el libro subrayan la necesidad de examinar, rigurosamente, las relaciones entre
las realidades materiales de género, las prácticas empíricas
y los discursos y representaciones simbólicas y culturales.

Como cada tipo de fenómeno es estudiado mediante
distintos métodos, es imprescindible distinguirlos meto-
dológicamente. Los estudios que interpretan los discursos
culturales como si fuesen representaciones fieles de las
realidades materiales incurren en errores serios. También se
equivocan los estudios empíricos que ignoran los discursos
e ideologías dominantes que influyen con tanta fuerza en
las realidades materiales.

En un estudio realizado en la costa ecuatoriana,
Saraswati Rodríguez (2009) muestra que los discursos sociales definen al hombre como pescador y a la mujer como
ama de casa, pero en la práctica, numerosas mujeres pescan
con regularidad y desde hace años. En la investigación que
Alexandra Costales (2009) realizó en la sierra ecuatoriana,
se encontraron discursos binarios en los que se asocia la
masculinidad con la agricultura, la fuerza y la violencia,
y la feminidad con la casa, la debilidad y la cobardía. La
gente de la comunidad investigada dice, por ejemplo, que
los hombres son los agricultores y las mujeres solo deben
ocuparse de las actividades agropecuarias menos pesadas.
Sin embargo, las observaciones empíricas y las entrevistas
en profundidad mostraron que la mayoría de los hombres
trabajaba en otras actividades, frecuentemente en una
ciudad lejana, mientras que las mujeres de la comunidad
por lo general dedicaban más tiempo que los hombres
a las labores agrícolas durante el ciclo anual y que ellas
realizaban todas las tareas agropecuarias, incluso las más
pesadas.

Los estudios desarrollados en muchos lugares de
América Latina invitan a que se preste atención a las

disyunciones entre los discursos verbales sobre el género y las prácticas y realidades materiales observadas por los investigadores. En algunos casos, los discursos y representaciones de género defienden el *statu quo* (o uno imaginado o deseado) y se apela a las normas de género para evitar el cambio (o ciertos tipos de cambio) o simplemente para negar que el mundo está cambiando. Por lo tanto, estas ideologías y normas de género son fuerzas poderosas que impactan en la calidad de los resultados de investigación, como también en las dinámicas de desarrollo en todos los territorios.

Observar los fenómenos relacionados con género y con masculinidad a escalas micro, meso y macro

La escala de nuestros estudios tiene implicaciones académicas y políticas. En un mundo en el cual la gente está drásticamente dividida según el acceso al poder y a las diferentes formas de capital, algunas personas se benefician más que otras de ciertas escalas de análisis. Los enfoques micro a veces priorizan las causas más próximas de la pobreza, la degradación ecológica o la desigualdad de género, en vez de analizar las dinámicas institucionales y los factores estructurales que marcan la cancha o las fuerzas nacionales e internacionales que influyen el partido. Tal enfoque ha conducido, a menudo, a asignar la culpa y/o la responsabilidad del cambio a las comunidades minoritarias o a los hombres y las mujeres pobres, en vez de a las poderosas entidades y fuerzas socioeconómicas que operan a escala nacional o internacional.

El trabajo con el género a veces ha caído en esta trampa, al enfocarse en los roles y actitudes de hombres y mujeres locales, sin analizar las dinámicas de género en las instituciones y activos que funcionan en las escalas meso y macro.

Las metodologías de investigación de género más difundidas (por ejemplo, el Marco Harvard, el Marco de Moser y la Matriz de Análisis de Género) tienden a poner énfasis en los hombres y las mujeres dentro de la familia o en la comunidad. Reconociendo que las realidades y dinámicas locales influyen en las nacionales y regionales, y viceversa, en este libro desarrollamos un acercamiento a múltiples escalas. Para completar el enfoque local, examinamos el género en las reglas, recursos, integrantes, actividades y manejo del poder en múltiples niveles institucionales. Insistimos en conectar los fenómenos observados en los hogares y los territorios con los datos nacionales e internacionales que representan las tendencias generales y sus variaciones.

Identificamos varias opciones para trascender las limitaciones relacionadas a los supuestos heredados que subyacen en los instrumentos de investigación y en los marcos de análisis: desarrollar marcos de análisis que permiten integrar la consideración de los hombres y las masculinidades en un acercamiento sistémico de género; desagregar la información cuantitativa y cualitativa; utilizar unidades y categorías de investigación claras y aplicarlas rigurosamente; y considerar las escalas meso del territorio enmarcado por un análisis a múltiples escalas. Todas estas estrategias de investigación interactúan en sus implicaciones políticas. Cuestionar la creencia de que la mayor equidad de género solo beneficia a las mujeres podría motivar a algunos hombres a imaginar y trabajar nuevos acuerdos de género. Cuestionar el supuesto que solo localiza el género en los hogares permite ver y transformar otros espacios e instituciones. Y obtener resultados más completos y específicos fortalece cualquiera contribución.

Capítulo 8. ¿Cómo ver y valorar los trabajos invisibles en contextos como Guatemala, caracterizada por desventajas de género para hombres y para mujeres?

*Susan Paulson con Ana Victoria Peláez,
Carina Emanuelsson y Maritza Florian*

Guatemala is the Latin American country with the widest gender gap disadvantaging women, especially notable in economic and political participation; it is also one of the countries in which homicide, suicide and early death disfavor men in the greatest proportion. In a country and a territory with comparatively low employment rates for women, new research in Ostúa-Güija, Guatemala, shows that important forms of economic activity are underrepresented and unsupported. Value chain studies on two industries characteristic of the area -an expanding tomato agro-industry and a diminishing tradition of shoe manufacturing- reveal a significant number of women, as well as children and men, who perform vital activities without recognition and support. The analysis points to research practices and cultural representations that obscure this work and reinforce inadequate distribution of tangible and intangible capitals. The chapter highlights two interdependent alternatives for new research categories and methods that strengthen the reflection and action of diverse territorial actors. The first aims to recognize, appreciate and support a wider range of labor activities involving women and men. The second promotes those community spaces where different actors can generate and discuss new visions and possibilities.

Guatemala se destaca por las difíciles condiciones respecto a la feminidad y la masculinidad. El índice publicado por Hausmann *et al.* (2011) lo representa como el país de América Latina y el Caribe donde son mayores las brechas que perjudican a las mujeres; es especialmente discriminatoria la participación económica y política. Es más, su *ranking* internacional ha caído de 95 de 135 países en 2006 a 116 en 2012. Por otro lado, los patrones de violencia muestran índices de masculinidad muy altos que se evidencian en las cifras de asaltos y homicidios: diez hombres son asesinados por cada mujer (Programa de las Naciones Unidas para el Desarrollo, Guatemala 2007, 30). En esta misma publicación del PNUD se sostiene que el homicidio es solo uno de los factores que abre una gran brecha entre la esperanza de vida de los hombres (67,3 años) y la de las mujeres (74,4 años). Otro factor es el peso desproporcionado en los hombres de la forma más íntima de la violencia: el suicidio. Según la Organización Mundial de Salud, siete guatemaltecos se suicidan por cada dos mujeres que lo hacen. Estos datos plantean cuestiones sobre los vigentes regímenes de masculinidad.

Los datos contradicen el supuesto ampliamente difundido –y problemático– de que los sistemas de género que perjudican a las mujeres son ventajosos para los hombres. Muy por el contrario, la tendencia general de las estadísticas demuestra que en las sociedades donde se evidencian mayores limitaciones y desventajas con respecto a la identidad femenina, también tienden a ser más agudas las formas de violencia y sufrimiento físico y psicológico relacionadas con la identidad masculina. El mito de que la marginalización de las mujeres mejora la vida de los hombres es una de las barreras que frenan la colaboración de hombres y mujeres para transformar aquellos sistemas de género que perjudican a los dos grupos en diferentes maneras.

Un área donde es evidente el peso de este mito en Guatemala es en el esfuerzo histórico para controlar la participación económica de las mujeres. Los niveles de participación de las mujeres en la economía formal de ese país son inusualmente bajos, y una parte significativa del trabajo que ellas realizan en el territorio estudiado no está representado como trabajo en los censos y encuestas y no está apoyado por las instituciones que fomentan el desarrollo del territorio. Entre otros factores, esto se relaciona con una situación jurídica particular. Mientras en la mayoría de los países latinoamericanos las mujeres pueden ejercer su derecho a suscribir contratos laborales y administrar su salario libremente, Lorenzo Cotula (2007, 101) explica:

> En Guatemala, el Código Civil sólo autorizaba a la mujer casada a desempeñar un trabajo cuando fuera compatible con su papel de ama de casa (art. 113), y autorizaba al marido a oponerse al trabajo de su mujer, siempre que tuviera ingresos suficientes para subvenir al mantenimiento del hogar y que tuviera razones justificadas (art. 114).

Después de varios recursos de anticonstitucionalidad, de las reformas al Código Civil en 1998-1999, y de la promulgación de la Ley de Dignificación y Promoción Integral de la Mujer en 1999, las guatemaltecas pueden elegir su empleo y está prohibida la discriminación por razón del estado civil. Frente a estas huellas históricas, los territorios de Guatemala están viviendo cambios complejos.

Las dinámicas económicas y la valorización del trabajo realizado

En un territorio rural estudiado, estas condiciones nacionales se expresan en la poca visibilidad o apoyo otorgado al trabajo que realizan las mujeres. Los cuatro municipios de la cuenca Ostúa-Güija se destacan, entre 1994 y 2006, por un crecimiento económico bastante bien distribuido, el mismo que estuvo acompañado de una disminución de la pobreza mucho mayor que el promedio nacional. Según la investigación realizada por Wilson Romero Alvarado, Ana Victoria Peláez Ponce y María Frausto (2011, 11), lo que ha posibilitado esta tendencia es la diversificación productiva junto con la poca concentración del capital económico, en particular de la tierra. Estos factores facilitan la construcción de alianzas y redes sociales relativamente amplias, al interactuar con otros factores, como son el acceso a mercados y la infraestructura vial. En términos de género, en contraste, tanto la distribución de capitales como el liderazgo político están concentrados en un grupo.

En este capítulo nos preguntamos qué factores podrían promover aquellos cambios que impulsarían la expansión de dinámicas que son más incluyentes en términos de género. Esta expansión será necesaria para poder responder a los desafíos previstos por Romero, Peláez y Frausto (2011, 11), quienes advierten: "De no saber enfrentar estos nuevos retos es muy probable que en los próximos diez o quince años la tendencia sea igual que en otros territorios: crecimiento con desigualdad y exclusión". Para explorar estos desafíos, el presente análisis conecta elementos del documento mencionado y del estudio de María Frausto Meza (2011) con otros elementos seleccionados de estudios que priorizan la atención al género, descritos en los trabajos de Maritza Florian, Carina Emanuelsson, Ana Victoria Peláez y Susan Paulson (2011), de Carina Emanuelsson (2011), y de Ana Victoria Peláez Ponce (2011).

La investigación en Ostúa-Güija, que contribuyó a los cinco estudios territoriales citados, fue coordinada por Wilson Romero, Ana Victoria Peláez y María Frausto, y fue desarrollada en colaboración con el Instituto de Investigaciones Económico Sociales (IDIES). Se aplicó una combinación de métodos que incluyen una encuesta socioeconómica y estudios de las cadenas de valor del tomate y del calzado. Asimismo, se facilitaron numerosas conversaciones en la plataforma de actores locales y en la plataforma de mujeres, además de entrevistas individuales y grupos focales.

Una serie de innovaciones metodológicas implementadas en estos estudios permiten observar mejor la cambiante inserción laboral, formal e informal, y la distribución de los capitales económico y natural. Nuestro análisis de los resultados se enfoca en dos factores que funcionan como barreras contra la inclusión y la equidad: el desconocimiento de una parte del trabajo realizado que es vital en el territorio, y el uso de ciertas categorías estereotipadas en los estudios, los programas y los discursos locales. Asimismo, destacamos dos oportunidades para consolidar y expandir los procesos más inclusivos de investigación y acción: la participación activa de mujeres y hombres en los espacios comunitarios, así como su interés y el de investigadores e investigadoras de la región en reconocer y apoyar una amplia gama de actividades.

A cuestionar algunas categorías de investigación

Una limitación para quienes analizan las economías rurales y para quienes formulan políticas de crecimiento o de sostenibilidad es la separación –conceptual e institucional– entre el empleo formal y los otros tipos de trabajos (re)productivos, junto con la desproporcionada atención y valoración que se brinda al empleo formal. Algunos economistas, mujeres y hombres, buscan las maneras de reconocer y medir el trabajo no remunerado que frecuentemente realizan las mujeres (Hoskyns y Rai 2007; Waring 2012). Esta tendencia también subyace en dos problemas

frecuentemente mencionados en las reuniones de la plataforma de mujeres creada en la cuenca Ostúa-Güija: la falta
de reconocimiento y apoyo al trabajo identificado como "reproductivo" o como "ayuda", y la larga jornada de las mujeres
responsables de diversas tareas, sean estas remuneradas o
no remuneradas. En palabras de una participante: "En la
mayoría de los casos el trabajo de la casa no se identifica
como trabajo, pero resulta que en el suroriente la jornada
de la mujer se inicia tres horas antes que la del hombre".

Poco aporta culpabilizar a los hombres del territorio
por la invisibilización y no reconocimiento de las tareas
identificadas como reproductivas o por negarse a participar más activamente en estas tareas. Preferimos enfocar el
análisis a nivel territorial, donde una serie de instituciones
y discursos condicionan la situación, estableciendo normas
y valoraciones que son internalizadas por los actores del
territorio. Estas mismas instituciones, tanto las formales
como las informales, también son claves en las interacciones entre los procesos locales, por una parte, y las políticas,
las ideas y el léxico de los agentes extraterritoriales, por
otra. Mediante el diseño y la aplicación de métodos de
investigación que visibilizan mejor la diversidad de actividades realizadas en dicho territorio, podemos avanzar
en un análisis crítico de las relaciones de sinergia o de
tensión entre la parte remunerada y la parte que no lo es.

Nuestra conceptualización de género como un sistema
sociocultural que interactúa con los cambios económicos
y ambientales en contextos específicos nos empuja a tomar distancia de algunos estudios convencionales que,
al basarse en ciertos supuestos "universales", obscurecen
aquella información relevante para comprender los procesos históricos particulares que estudiamos.

Caroline Moser (1993, 15) identifica tres supuestos
comúnmente usados en la investigación, a pesar de su poca
correlación con los fenómenos empíricos y estadísticos.

El primero es que la mayoría de hogares está constituida por una familia nuclear, entendida como una pareja heterosexual, sus hijos y sus hijas. Los censos indican que, en los países latinoamericanos, esta configuración corresponde máximo a la mitad de los hogares; en algunos países, mucho menos. En el importante trabajo *Pan y afectos. La transformación de las familias,* Elizabeth Jelin (2010) reconoce y explora las complejidades y diversidades de las familias en América Latina. Los datos estadísticos que ella presenta, junto con su perspectiva histórica, nos empujan a cuestionar la dominación del modelo de la familia "convencional" en la investigación y en la política y a reconocer la multiplicidad de formas de familia y convivencia en el mundo empírico.

El segundo supuesto es que basta que los investigadores, las investigadoras, los extensionistas y otros actores externos hablen con un solo miembro de cada hogar, ya que este representaría a todos y todas; este mismo supuesto respalda la idea de que proporcionar recursos a un miembro beneficiaría a todos.

Y el tercer supuesto errado es asumir que el hombre es quien gana los recursos económicos y que la mujer es ama de casa. El supuesto de que el hombre "trabaja" y la mujer cuida la casa es una de las prácticas de investigación que resultan especialmente problemáticas en contextos rurales, junto con la aplicación acrítica de las categorías "productiva" y "reproductiva" para etiquetar actividades que tienden a estar entrelazadas de manera interdependiente en las realidades estudiadas.

En Guatemala, estas prácticas de investigación basadas en supuestos errados interactúan para limitar el panorama de trabajo que es reconocido y registrado en el censo y otras investigaciones. Las investigaciones influidas por estos tres supuestos no permiten recolectar los datos completos ni la información relevante para responder a nuestras preguntas de investigación.

Las innovaciones metodológicas

La primera innovación metodológica facilitada por los investigadores y las investigadoras en Ostúa-Güija fue crear la plataforma de actores locales con el objetivo de escuchar diversas posiciones e interpretaciones. A la vez se trataba de fortalecer las redes sociales dentro del territorio para estimular la búsqueda de iniciativas consensuadas. Peláez (2011, 86) observa en el territorio que "los espacios de participación política y social ciertamente son llenados por mujeres y hombres, pero las dirigencias continúan siendo masculinas", lo que apunta a la necesidad de buscar otros foros para escuchar las posiciones de las mujeres. Como hubo poca participación de mujeres en la mencionada plataforma, se invitó a formar un grupo solo de mujeres con la intención de facilitar el acceso a los espacios de interlocución con productores y actores políticos. El proceso que se desarrolló en la plataforma de mujeres contribuyó a que, eventualmente, aumentara de cero a cinco el número de mujeres activas en la plataforma local.

Otra estrategia metodológica fueron los estudios de las cadenas de valor del tomate en todo el territorio, y del calzado en uno de los municipios, siguiendo el trabajo de Deborah Rubin, Cristina Manfre y Kara Nichols Barrett (2009) con respecto a la integración del género en las cadenas de valor. En otras publicaciones, como las de Peláez Ponce (2011), Emanuelsson (2011) y Frausto (2011), se presentan los análisis sobre esas cadenas, los mismos que abarcan la producción y obtención de insumos, la producción, transporte, distribución y venta. En este capítulo comentamos algunos aspectos seleccionados de dichos

estudios, particularmente los instrumentos diseñados para
indagar más allá de aquellos datos convencionales que
tienden a invisibilizar la participación laboral de determinadas personas.

Finalmente, comentamos la adaptación de varias categorías y secciones de la encuesta socioeconómica para
captar información más exacta sobre los hogares e información más amplia sobre las tareas realizadas, un proceso
descrito en Maritza Florian *et al.* (2011a). La encuesta, que
fue aplicada en julio de 2010 a 1.364 hogares elegidos al azar,
se refiere al hogar, la salud, la educación, el consumo, los
empleos, la migración, los bienes, las tareas del hogar, entre
otras (Romero, Peláez y Frausto 2011). En la preparación
de las boletas, una revisión del lenguaje, las categorías y
las unidades de análisis dio lugar a los cuatro siguientes
cambios con el objetivo de reducir las distorsiones de
género. El primero fue identificar al interlocutor principal
de cada entrevista como "representante del hogar" en vez
de "jefe del hogar". El segundo fue agregar una pregunta
sobre las actividades económicas adicionales, en vez de
limitar a cada miembro del hogar a una sola ocupación.
El tercero fue incluir una sección en la que se pregunta a
varios miembros sobre el uso del tiempo en la realización
de una lista de tareas no remuneradas esenciales para el
sostenimiento del hogar y del territorio. El cuarto fue la
inclusión de una sección que indaga sobre la participación
de cada miembro del hogar en todo tipo de asociación u
organización.

La cuenca Ostúa-Güija, un territorio en movimiento

El territorio de la cuenca Ostúa-Güija se encuentra
en el suroriente de Guatemala, entre el río y el lago que le
dieron el nombre. El área, constituida por los municipios

Santa Catarina Mita, Asunción Mita, El Progreso y Monjas, goza de una ubicación privilegiada cerca de la capital y conectada a los mercados nacionales e internacionales a través de vías de comunicación. De los 40.391 habitantes, el 52% son mujeres y el 48% son hombres, un balance inusual para los territorios rurales donde suelen predominar los hombres. Un factor vinculable con la menor proporción de hombres en este territorio pueden ser las limitadas oportunidades laborales para mujeres a nivel nacional, que podrían restringir su migración a las ciudades de Guatemala. Otros dos factores son la migración masculina y la historia de violencia, la mayoría de cuyas víctimas son hombres.

Las principales actividades económicas del territorio, según el censo de 2002, son la agricultura (el 69% de la PEA) y el comercio (el 22% de la PEA). Además, las remesas internacionales juegan un rol económico importante. Dos sectores emblemáticos son el de tomate, actualmente en plena expansión, y el del calzado, en contracción, analizados en la siguiente sección.

Los datos de Romero, Peláez y Frausto (2011, 97) muestran que la participación de las mujeres es relativamente baja en los espacios económicos y políticos.

> Por cada tres hombres que trabajan de forma remunerada (ya sea por cuenta propia o por un sueldo) solo una mujer lo hace, lo cual puede indicar que la oportunidad que tienen las mujeres de incorporarse a las actividades productivas (entendidas estas como generadoras de ingresos) es mucho menor, lo cual puede estar reforzando también ese menor espacio en la toma de decisiones.

Los resultados de la encuesta con respecto a las decisiones sobre la actividad familiar hacen eco de la situación legal mencionada arriba, a la vez que muestran señales de cambio. El 32% de los hogares encuestados reporta que el padre decide qué miembros trabajarán fuera del hogar, mientras que el 10% reporta que son las madres quienes deciden. Los hogares que merecen más atención son donde ambos deciden (el 31%) y donde la decisión es individual (el 27%) (Romero, Peláez y Frausto 2011, 97).

Expansión de la agroindustria del tomate

Gran parte de las tierras de la cuenca Ostúa-Güija está dedicada a la producción agrícola; predominan el tomate y el maíz seguidos del frijol, la sandía y la cebolla. Aunque la historia de la producción agrícola es muy antigua en el territorio, la reciente expansión de los cultivos de hortícolas a gran escala conlleva cambios importantes.

Un conjunto de actores, instituciones y conocimientos relacionados con la agricultura influye en las actividades de la población y, con ellas, en las características biofísicas del territorio. En estos procesos, las identidades de género, clase y otras se vinculan, de manera diferenciada, con los capitales, poderes y espacios. Una de las características que explican la distribución relativamente amplia del crecimiento económico en este territorio es la concentración relativamente baja de la tierra entre hogares. De un modo paradójico, esta situación coexiste con una concentración inusualmente alta de la tierra en términos de género. Según Romero, Peláez y Frausto (2011, 98, cuadro 42), "la distribución de acceso es bastante dispar, pues mientras cerca del 87% de los hombres sí logra tener tierra, independientemente de la modalidad bajo la cual la posea, solo el 13% de las mujeres acceden a este activo".

Los datos censales de los departamentos de Jutiapa (SEPREM 2009a, 14) y de Jalapa (SEPREM 2009b, 12), dentro de los cuales se encuentra el territorio analizado, indican que las mujeres constituyen solo el 10% de la fuerza laboral en la agricultura. Sin embargo, las investigaciones más detalladas demuestran que las estadísticas se quedan cortas

a la hora de describir la actividad agropecuaria. Además de
las personas contadas en las categorías censales "dueños" o
"trabajadores permanentes" (la mayoría hombres), existen
otros hombres y muchas mujeres que se incorporan a la
actividad agrícola realizando diferentes tareas, en diferentes momentos y bajo varios tipos de remuneración que,
sin embargo, no aparecen como agricultores en el censo.
Esta omisión se debe a la manera en que las tradiciones
de representación cultural interactúan con el diseño de la
boleta censal. En esta solo es posible que la persona defina
su "actividad económica principal"; a veces la pregunta
es respondida con una identidad social vocacional (por
ejemplo, "albañil", "zapatero"), la misma que no necesariamente corresponde al uso de tiempo actual. A lo anterior
se suma la práctica de entrevistar solo al "jefe de hogar", lo
cual imposibilita que el resto de los miembros describan
sus propias actividades económicas. Así, un hombre cuya
esposa trabaja como temporera en la agroindustria puede
identificarla en el censo como "ama de casa".

   Para entender mejor las cambiantes dinámicas del
territorio, complementamos los datos censales con la información obtenida mediante varios métodos aplicados
por Romero, Peláez y Frausto (2011, 58-68); entre ellos,
una encuesta aplicada a 279 personas para examinar y
caracterizar los cinco eslabones de la cadena de valor del
tomate: el acceso a insumos y servicios, la producción, la
intermediación, la venta y el consumo final.

   El empleo de las mujeres ha aumentado significativamente durante los últimos cinco años en el cultivo del
tomate, una ocupación que previamente fue asociada con
la mano de obra masculina. Emanuelsson (2011, 29) reporta
que en el estudio del IDIES sobre la cadena de valor se
encontró que, con las variaciones estacionales, las mujeres
representan hasta el 60% de la fuerza de trabajo; también
que los salarios y las condiciones de los trabajadores varían

según el tipo de trabajo ejecutado en una industria donde el género influye fuertemente en la asignación de puestos.

La forma que tomó la expansión masiva del cultivo del tomate estuvo influida, entre otros factores, por las expectativas y normas de género de la región; a su vez está provocando cambios en las feminidades y las masculinidades. Una discusión que mantuvieron diez agricultores en un grupo focal realizado en agosto de 2010 revela el rol de género en algunas decisiones y significados. En la discusión resumida en Florian *et al.* (2011a, 15), ellos concordaron en que durante la cosecha y la poscosecha todos emplean más mujeres que hombres, indicando que ellas son más rápidas y más cuidadosas. Esta valoración explícita de las calificaciones y técnicas asociadas con las tareas realizadas por las mujeres está en tensión con su valoración económica de "no calificadas". Otras tareas, como el riego y la aplicación de fertilizantes (casi exclusivamente asignadas a los hombres), son consideradas "calificadas" y, por ende, mejor remuneradas. El hecho de que las mujeres reciban menores salarios es otro de los motivos señalado por los agricultores para explicar el aumento de la contratación de mano de obra femenina, junto con la observación de que las mujeres funcionan bien bajo contratación temporal, porque son más flexibles y dóciles que los hombres.

En resumen, la industria del tomate ha aprovechado ciertas normas y expectativas de género (expresadas en las habilidades y actitudes de las trabajadoras, en su disposición para aceptar contratos irregulares, así como en la valorización jerárquica de tareas) para implementar y justificar ciertas prácticas de contratación y escala salarial que ofrecen ventajas comparativas. A la vez, ciertos procedimientos y normas institucionalizadas generados fuera del territorio apoyan la contratación de mujeres y hombres en condiciones iguales. Algunas corporaciones internacionales de cultivo y empaque de hortalizas no solo presionan para incrementar la participación de las mujeres en el empleo formal; también influyen para que se nivelen las diferencias salariales por género.

Paralelamente al auge del tomate industrial y a la migración internacional, algunos agricultores tradicionales han dejado de cultivar sus propias parcelas. Un participante en el tercer encuentro de la plataforma de actores locales comentó que "muchos dejan su tierra por largos períodos de tiempo y se van a trabajar a otras partes. Los pequeños productores no logran salir adelante por esto, ya que su tierra no se trabaja, van a trabajar a otros lados" (Florian *et al.* 2011a, 12). Lo que es interesante en este territorio profundamente agrícola es la habilidad de muchas familias para sostener la producción agrícola además de diversificar los ingresos. Como concluye Frausto (2011, 67):

> La evidencia apunta a que en el territorio de la cuenca Ostúa-Güija, la diversificación productiva agrícola que ha implicado la introducción de cultivos como las hortalizas, sobre todo tomate que se destina a la exportación, se realizó sin abandonar por ello el cultivo de granos básicos que se destinan principalmente al mercado local y que contribuyen a garantizar la seguridad alimentaria.

El sostenimiento de la producción propia influye en el desarrollo de la familia y también en las masculinidades: su abandono, temporal o permanente, influiría en la identidad de cada hombre, individualmente; con el tiempo también transformaría las expectativas y prácticas de la masculinidad en el territorio.

La fabricación de calzado pierde importancia

La producción y comercialización del calzado de cuero fue la principal actividad económica en Santa Catarina

Mita durante décadas, pero su importancia ha disminuido en el siglo XXI. Las investigadoras de campo visitaron 34 talleres de calzado, empresas pequeñas donde trabajan de una a tres personas. Si bien la fabricación de calzado sigue estando representada, discursivamente, como trabajo masculino, el estudio sacó a la luz que numerosas mujeres, y algunos menores, están involucradas en varias etapas de la producción y comercialización (Emanuelsson 2011; Florian *et al.* 2011a).

Las productoras y los productores entrevistados indicaron que está aumentando la tendencia a llevarse a la casa el trabajo manual para poner a trabajar a varios miembros del hogar. El patrón común es que el hombre sea contratado por el taller y reciba una remuneración según el número de unidades que entregue. Él lleva parte de su trabajo a la casa donde su pareja realiza las labores manuales, en algunos casos apoyada por otros familiares. Esta colaboración se representa, discursivamente, como "ayuda". Por lo tanto, no suele ser considerada en las investigaciones económicas ni en el apoyo técnico, financiero o de otro tipo que se canalice hacia el sector del calzado. Como sucede en otras industrias, el rol de los "actores invisibles" revela cómo funcionan determinadas instituciones culturales y económicas para aprovechar el trabajo no reconocido. A la vez, estos arreglos limitan el protagonismo y la contribución potencial de ciertos actores, limitación que perjudica el sector en general.

Una serie de observaciones empíricas y entrevistas sirvieron para guiar el diseño de una encuesta con el objetivo de identificar a trabajadores y trabajadoras quienes, por razones socioculturales, tienden a no ser reconocidos. Por ejemplo, después de preguntar si habían personas que trabajaban en la elaboración de calzado, quienes encuestaron repreguntaron: ¿cuántos empleados y asistentes colaboran? ¿Cuántas empleadas y asistentes colaboran?

Emanuelsson (2011, 32) compara los resultados obtenidos
a través de estas herramientas más sutiles con los de una
encuesta convencional. En los resultados de la encuesta
modificada es mayor el número de personas que trabajan en el sector que el de las identificadas en la encuesta
convencional (409 frente a 359); también es superior la
proporción de mujeres (el 14% frente al 5%).

La invisibilidad de la contribución de ciertas personas
no solo afecta, individualmente, a cada cual, sino que también restringe la dinámica de la producción de calzado y su
contribución al desarrollo territorial. Los participantes en
el taller de calzado manifestaron que una de las principales
limitaciones para lograr la sostenibilidad del sector es la
falta de aprendices. Al parecer, las personas "ayudantes"
en el hogar no sirven de aprendices porque no acceden a
la información ni a la formación en el uso de tecnologías
que podrían capacitarlas para responder a la demanda de
mano de obra calificada.

Las normas de género predominantes en este territorio
de Guatemala contribuyen a que se desencadenen procesos
particulares que pueden estar relacionados con el declive
de la industria. En contraste con lo que ocurre en la producción de calzado en numerosas fábricas del mundo, donde
las mujeres constituyen la mayoría tanto de las personas
empleadas como de las que operan la maquinaria, en los
34 talleres de Santa Catarina Mita casi toda la mano de
obra es masculina (la relación es de veinte hombres por
cada mujer), y el manejo del equipo semindustrial está a
cargo, casi exclusivamente, de los hombres. En el cuadro
44 de Romero, Peláez y Frausto (2011, 100) se evidencian
las relaciones de género vigentes en los negocios: de los
26 casos en los cuales el propietario es un hombre, en 12
la pareja trabaja como colaboradora sin remuneración
y en un caso como socia, mientras que a ninguna de las
ocho propietarias la apoya su pareja, pagada o no pagada.

Las desigualdades en el reconocimiento social, en la capacitación técnica y en la remuneración económica toman expresiones de género. Tanto en las entrevistas con los trabajadores del calzado como en los talleres con mujeres se mencionaron dos barreras: el ambiente hostil a las mujeres en las actividades dominadas por los hombres y la sobrecarga de trabajo cuando ellas se involucran en actividades adicionales a las del hogar. En respuesta a la pregunta "¿quiénes son los actores relacionados con la poca visibilidad de las mujeres?", una participante del tercer taller de mujeres expresó: "Los compañeros de trabajo, porque ellos discriminan y menosprecian el trabajo de las mujeres".

La dirección que tome el desarrollo futuro de la cuenca Ostúa-Güija dependerá, en parte, de la incorporación (o no) de más mujeres a empleos pagados, y de la manera en que se lo haga. Las evidencias a través de América Latina indican que dicha incorporación ha sido ventajosa para las industrias y para la economía en general. En contraste, no existe un consenso sobre la relación costo/beneficio para las mujeres, para los hombres o para los hogares que se derivaría al aumentar el número de mujeres en el empleo bajo las precarias condiciones laborales predominantes en los territorios rurales. Nos referimos a emplearlas en las agroindustrias y en las maquilas recibiendo salarios y beneficios mínimos y con poco apoyo institucional para las tareas reproductivas. Es más, estas condiciones interactúan con las tradiciones de género vigentes en ese territorio: si bien muchas mujeres han pasado del espacio privado al público, esto ha tenido costos tales como incrementar las jornadas o asumir el peso de la culpa por "abandonar" a las hijas y los hijos y "descuidar" la casa mientras salen a trabajar.

El desarrollo incluyente: reconocer las actividades vitales en el territorio

Concluimos el capítulo concentrando la atención en dos líneas de acción que vinculan los nuevos métodos de investigación con el fortalecimiento de la reflexión y el desempeño de los actores territoriales: la primera es reconocer, valorar y apoyar una gama más amplia de actividades laborales en las que participen mujeres y hombres. La segunda es promover aquellos espacios comunitarios donde diversos actores puedan generar y debatir nuevas visiones y posibilidades.

Mediante la aplicación de la encuesta socioeconómica, particularmente en la sección sobre el uso del tiempo en las tareas del hogar, los miembros de 1.364 hogares participaron en conversaciones a través de las cuales visibilizaron y valoraron la ejecución de tareas "reproductivas" que son esenciales para el bienestar y la productividad del territorio. Esta experiencia complementa la impresión dejada por la aplicación de los censos y las encuestas convencionales a través de los cuales se ha comunicado a las personas encuestadas que las actividades identificadas como "productivas" tienen una importancia y valor superiores.

No solo el proceso, sino también los resultados de dicha encuesta son recursos que pueden ser utilizados por los actores territoriales y por quienes son responsables de las políticas. En el gráfico 17 que aparece en Romero, Peláez y Frausto (2011, 96), se caracteriza la responsabilidad en 17 tareas relacionadas con la reproducción del hogar y de la fuerza de trabajo. Queda en evidencia que existe una división por género bastante rígida en la que la gama de actividades realizadas por los hombres es más restringida que la de las mujeres. En las tareas principalmente masculinas, como son sembrar, cosechar, cortar y acarrear leña, ordeñar y vender el producto, la participación femenina varía entre el 20 y el 30%. En contraste, en las tareas principalmente femeninas –entre ellas, limpiar la casa, cocinar, servir la comida y lavar la ropa–, la participación masculina alcanza un máximo del 10%. Estos resultados hacen eco de los estudios del uso de tiempo en varios países de la región, discutidos en el capítulo 9.

Los datos territoriales, como también los nacionales y los regionales, llaman la atención sobre las restricciones socioculturales que pesan sobre el comportamiento masculino. Las participantes en la plataforma de mujeres confirmaron estas restricciones al manifestar que ellas no permiten que sus esposos hagan ciertas tareas "femeninas" y que ellas enseñen a sus hijas tareas diferentes de las que enseñan a sus hijos. Mientras la interacción de las madres y padres con hijos e hijas reproduce ciertas restricciones de género, también ofrece un punto de entrada para la colaboración creativa. En los resultados de la encuesta, las tareas donde hubo una participación más equitativa entre hombres y mujeres se relacionan con la educación y salud de sus hijos e hijas.

Divulgar los resultados de esta investigación es una manera de ofrecer recursos constructivos para los diversos actores del territorio. Discutir todos esos resultados en espacios comunitarios enriquecerá las visiones y conversaciones de quienes participan. Pueden orientar, por ejemplo, en la búsqueda de soluciones a los problemas identificados por las mujeres entrevistadas en el transcurso del estudio: que los hombres se niegan a reconocer su trabajo y que algo les impide a ellos hacerse cargo de una parte mayor del trabajo reproductivo.

¿Cómo apoyar los procesos territoriales más inclusivos y transformadores?

Los datos nacionales para Guatemala muestran una participación relativamente limitada de las mujeres en el mercado laboral. Los estudios territoriales citados aquí documentan que un número significativo de mujeres y también de hombres realizan actividades que son vitales en el territorio, pero que no gozan del reconocimiento en el discurso público ni de apoyo en los programas de desarrollo convencionales. La valoración desproporcionada de las actividades identificadas como "productivas" y el hecho de que las herramientas metodológicas se enfoquen solo en "el jefe" del hogar están relacionados con la distribución desproporcionada de los capitales económico, social y político. A nivel de individuos, esta situación parece favorecer a los residentes etiquetados como "productores" y "jefes del hogar", pero a nivel familiar o territorial, puede limitar las dinámicas positivas y su sostenibilidad, perjudicando a todos.

El reconocimiento social de todas las mujeres y de todos los hombres que realizan actividades que son vitales en el territorio, junto con un decisivo apoyo económico y técnico dirigido a estas actividades, fortalecerán no solo el desarrollo individual de un mayor número de personas, sino también las dinámicas territoriales a las cuales esas mujeres y hombres contribuyen.

Las plataformas de actores locales y de mujeres en Ostúa-Güija son espacios donde diversos actores, entre ellos los investigadores y las investigadoras, pueden escuchar diferentes voces y aprender sobre los procesos de participación comunitaria. Estas conversaciones podrían fortalecer las redes sociales del territorio con lo cual se facilitaría la creación de coaliciones, así como de visiones consensuadas.

Los métodos de investigación que visibilizan y valorizan una gama más amplia y diversa de actividades funcionan, en sinergia, con otros que promueven formas de participación e interacción entre diversos actores. Juntos generan nuevos conocimientos, valoraciones y opciones que fortalecen las capacidades de las personas que residen en el territorio para construir identidades e iniciativas positivas de cara a las realidades del siglo XXI.

Capítulo 9. Inclusión, equilibrio y sostenibilidad

The pace of historical changes discussed in the book -for both men and women- makes it difficult to adapt gender systems in balanced ways that sustain and reproduce the home, the community and the natural environment. In this chapter we identify some of the sustainability challenges present in the various contexts studied, and highlight positive options that are emerging. Phenomena considered range from the migration of women away from rural territories to the limited educational attainment of men who stay behind, and tensions related to the performance of work identified as "reproductive". To transcend the "crisis of reproduction" we argue that current movements in women's lives, including the feminization of the labor market, must be accompanied by movements of similar magnitude in masculinities. Faced with these challenges, the potential of diverse actors to contribute to positive developments in their territories depends on access to discursive and institutional resources that support the adaptation of new meanings and practices of masculinity and femininity.

Como región, América Latina y el Caribe se caracterizan por las significativas transformaciones de las condiciones que viven tanto los hombres como las mujeres a la vuelta del siglo XXI. Dentro de estos procesos históricos, las normas y prácticas de la masculinidad y la feminidad influyen en los continuos cambios socioeconómicos y son influidas por estos, de manera tal que impactan en las identidades y las relaciones de poder a través de las cuales se producen y reproducen los territorios.

Hoy en día, las mujeres en América Latina están participando, cada vez más, en el empleo remunerado y están alcanzando mejores niveles educativos que los hombres. Asimismo, han conseguido pocas e irregulares mejoras en la representación política, siguen asumiendo las pesadas responsabilidades del trabajo reproductivo, y un número importante de mujeres rurales está migrando a las ciudades. Los hombres rurales tienen que lidiar con complejos movimientos en su forma de vida: cambios en el tipo y en la seguridad de su empleo, el trabajo asalariado de sus esposas e hijas, ser estereotipados como toscos y torpes, moverse dentro de relaciones jerárquicas, enfrentar los desafíos de la migración laboral, la violencia, los problemas de salud, entre otros.

La rapidez de los cambios –tanto para los hombres como para las mujeres– dificulta la adaptación coordinada de los sistemas de género que sostengan y reproduzcan el hogar, la comunidad y el entorno natural. Si los movimientos relacionados con la feminización del mercado laboral no son acompañados por movimientos en las masculinidades, la "crisis de la familia" y la "crisis de la reproducción" van a intensificarse. Frente a estos desafíos, las posibilidades de contribuir a que se produzcan movimientos positivos en los territorios dependerán del acceso a aquellos recursos discursivos e institucionales que faciliten la adaptación de nuevos significados y prácticas de masculinidad y de feminidad.

Para beneficiar a los territorios, en el largo plazo, las dinámicas desarrolladas necesitan asegurar la reproducción de las condiciones sociales y ecológicas que las sustentan. En las discusiones anteriores advertimos una serie de desafíos para la sostenibilidad. También presentamos ejemplos de adaptaciones positivas; entre otras, la coparticipación en nuevas formas de producción agrícola y el desarrollo de espacios más incluyentes de discusión y acción a nivel familiar y comunitaria. Nos concentraremos ahora en un tema central en cuanto a la sostenibilidad: la realización del trabajo que sostiene a la familia tanto como a la producción.

Las tendencias en el manejo del trabajo reproductivo han cambiado mucho menos que las tendencias en el trabajo remunerado y la educación. En general, el trabajo dirigido a reproducir la fertilidad de los suelos y de los animales queda fuera del cálculo económico. Los esfuerzos necesarios para mantener algunos servicios ecológicos sí comienzan a ingresar en los discursos, aunque no mucho en las iniciativas concretas. En todos los territorios estudiados se evidencian arreglos en los cuales las mujeres están a cargo de la mayoría del trabajo destinado a la reproducción del hogar y de la familia. En medio de los movimientos actuales, este balance genera conflictos dentro del hogar alrededor de la distribución de tareas, restringe el desarrollo de las habilidades de los jóvenes y hombres, a la vez que frena el potencial que tienen las mujeres para participar activamente en las iniciativas políticas y económicas de su comunidad o territorio.

Luego de que una ola de millones de mujeres comenzara a formar parte del mercado laboral de América Latina, podría esperarse que la generación constituida por sus hijos e hijas establezca nuevos equilibrios entre el trabajo remunerado y el trabajo no remunerado del hogar. Hasta la fecha, los estudios sobre el uso del tiempo demuestran pocas señales de tal cambio. Milosavljevic (2007, 118 y 119) presenta los datos provenientes de las encuestas de hogares realizadas en 14 países latinoamericanos sobre las actividades más frecuentes tanto de las mujeres como de los hombres ubicados en los tramos de edad de 15 a 19 años y de 20 a 24 años. Estos datos ilustran que las jóvenes invierten mucho tiempo en los quehaceres domésticos, estudian más que los jóvenes y son económicamente activas, aunque en menor medida que sus pares hombres. El escenario indica que los roles de las jóvenes abarcan una carga significativa de responsabilidad como también un amplio horizonte de conocimientos y experiencia. Al mismo tiempo, permite observar el horizonte más estrecho de los jóvenes. Con variaciones según el país, entre el 20 y el 70% de los jóvenes de 15 a 19 años tiene un trabajo pagado; en todos los países, excepto en Chile, el porcentaje de los jóvenes cuya actividad principal es estudiar es menor que el de las jóvenes. La escasa experiencia en los quehaceres domésticos de estos jóvenes sugiere que las normas de género impiden que ellos adquieran conocimientos o habilidades en este campo. En la cohorte de 20 a 24 años, el panorama masculino es aún más estrecho: entre el 65 y el 90% de los jóvenes tienen un trabajo asalariado, mientras que se ha reducido su participación en la educación y, en la mayoría de los países, la participación masculina es nula en los quehaceres domésticos.

En contraste con estos y otros datos cuantitativos sobre el uso del tiempo, sí se evidencian cambios generacionales en los discursos. En las entrevistas con numerosos padres de familia, realizadas en Santiago de Chile por Olavarría (2003, 335-337), aflora el desdén que expresan los hombres mayores hacia las tareas domésticas. Antonio (48 años) dijo: "No voy a decirte que me gusta hacerlo, yo no lo haría de buena gana. Me sentiría obligado por las circunstancias y tal vez no me quedaría...". Alexis (39 años) cuenta: "Nunca me ha gustado que mi esposa trabaje, quiero tener un trabajo yo, que sea ella que cuide de los hijos hasta que crezcan". Tal desdén para las tareas reproductivas contrasta con la disposición a compartirlas que expresan algunos padres más jóvenes, como es el caso de Víctor (35 años): "No me parece nada desagradable, cuando estoy en casa plancho todos los días, si los platos están sucios, los lavo, si mi hija necesita que le cambie de pañal, lo cambio". Olavarría enfatiza que la predisposición expresada está limitada por el tiempo que los hombres realmente tienen o reservan para esas actividades, tiempo que en la práctica, es muy limitado.

En general, las observaciones empíricas en los territorios coinciden con las prácticas observadas por Olavarría: los dos concuerdan con los patrones intransigentes documentados en los estudios de uso del tiempo resumidos arriba. A la vez, en algunos territorios aparecen discursos que, como las narrativas recordadas por el autor, apuntan a nuevas valorizaciones y a visiones de arreglos más flexibles.

Vale la pena seguir de cerca las tensiones entre la creciente participación laboral femenina, los nuevos discursos de participación compartida y los estudios del uso del tiempo que evidencian la poca participación de niños y hombres en las tareas del hogar. También merecen atención los casos que sugieren una creciente división por género de ciertas tareas o habilidades. Los miembros de cerca de 900 hogares encuestados en Chiloé, Chile, por ejemplo, perciben una creciente polarización, por género, de ciertas habilidades y talentos en la última generación. Así, reportan que menos hombres ahora que antes muestran tener conocimientos en áreas como la de la cocina y el tejido, y menos mujeres los tienen en áreas tales como la navegación y la gestión forestal.

Ni la división del trabajo según género ni la diferenciación de las competencias y responsabilidades son malas en sí mismas. De hecho, la diversificación y la interdependencia complementaria son esenciales para sostener la vitalidad de los sistemas (re)productivos y de la riqueza cultural. Las limitaciones y los desequilibrios surgen cuando se circunscribe a los miembros de un determinado grupo de género a ocupar ciertos espacios (económicos, geográficos, políticos); también cuando los recursos, el poder y las recompensas son distribuidos de manera inequitativa entre estos espacios.

¿"Familias rotas" o formas
constructivas de colaboración?

Aunque no todos los lectores ni todas las lectoras estarán de acuerdo con que el desentenderse del trabajo doméstico perjudica a los niños y los jóvenes, la mayoría sí reconocerá los problemas que enfrentan aquellos hombres que han sido socializados de una forma tal que restringe su capacidad, o su voluntad, para realizar el importante y necesario trabajo en sus hogares y comunidades. También reconocerán que el conflicto sobre las responsabilidades reproductivas en los hogares perjudica la sostenibilidad de la comunidad. No cabe duda de que las tensiones generadas por el desequilibrio en la distribución de las cargas (re)productivas se relacionan con el aumento tanto de las tasas de divorcio como de los hogares encabezados por mujeres.

Frente a la diversidad de hogares registrados en los censos, las características y las potenciales de diversas formas de hogar requieren mayor investigación para poder superar los supuestos ideológicos que contribuyen a la distribución de capitales y apoyos a ciertos tipos de hogar y no a otros. Especialmente relevante aquí es el supuesto común de que los hogares con jefatura femenina deben ser tratados con caridad y asistencia social, un supuesto que limita los esfuerzos institucionales para involucrarlos en las iniciativas de desarrollo económico.

Aunque a nivel mundial los hogares encabezados por mujeres suelen ser considerados los "más pobres entre los pobres", los análisis estadísticos reportados por Laura Chioda (2011, 23) sobre América Latina demuestran que "a pesar de que los hogares encabezados por mujeres se enfrentan a un conjunto diferente de vulnerabilidades, estos no parecen estar en peor situación que otros hogares". Basándose en estudios realizados en México, Costa

Rica y Filipinas, Silvia Chant (1997) argumenta que los miembros de los hogares encabezadas por mujeres no necesariamente están en peores condiciones que aquellos encabezados por hombres y que numerosas jefas de hogar declaran estar en mejoras condiciones después de separarse de sus parejas. Sobre la base de estudios posteriores en Costa Rica, Chant (2009, 19) sostiene que la jefatura femenina parece haberse convertido en una opción cada vez más viable –a veces, la opción preferida– entre las mujeres, quienes la asocian con ciertas mejoras del bienestar. En los dos estudios, la autora identifica los cambios que han contribuido a hacer que las mujeres se inclinen menos a tolerar las desigualdades de género en el ámbito doméstico; se refiere a las mujeres cuya situación puede mejorar cuando salen de relaciones con hombres cuyo comportamiento incluye alcoholismo, violencia y/o negación a compartir el trabajo reproductivo. El análisis subraya la importancia del contexto legislativo y social y de las actitudes que se adoptan con respecto a los hogares con jefaturas femeninas.

A estas constataciones nosotras añadimos otras: la importancia que tiene el contexto con respecto a los padres solteros y sus hogares. Hasta ahora sabemos muy poco sobre las condiciones y las dinámicas de los hogares encabezados por padres solteros, categoría que desaparece bajo otra más general: "hogares con jefatura masculina". Lo que sí está claro es que entender mejor a los padres solteros, apoyarlos y apoyar a sus hogares contribuirá a sostener la reproducción social en los actuales procesos de cambio.

Así que, además de apoyar la adaptación constructiva de los hogares convencionales, es necesario reconocer y apoyar a los millones de hogares existentes que difieren de la norma. Para bien o para mal, los hogares en América Latina están cambiando; el inicio del siglo

XXI se caracteriza por las proporciones crecientes de hogares encabezados por mujeres, el aumento de hogares unipersonales, la disminución de las tasas de fertilidad, la incidencia creciente de divorcios y separaciones, y las tendencias crecientes de las uniones consensuales en vez del matrimonio formal (Chant 2002: 546). Con un acercamiento innovador, todas estas formas pueden adaptarse para sostener a las familias y las comunidades.

Los problemas surgen de los conflictos entre esas realidades empíricas y el ideal de familia nuclear biparental. Las políticas e instituciones que asumen (incorrectamente) que la familia nuclear es la unidad socioeconómica fundamental de la población refuerzan el hecho de que se asignen los recursos y la representación a los hombres "jefes de familia", así como las prácticas que excluyen a una parte importante de los hogares en todos los países de la región. Los mecanismos específicos de esta exclusión han sido demostrados en varios de los estudios territoriales analizados en este libro. Los patrones que resultan de esta distribución de recursos ayudan a producir un fenómeno que amenaza la sostenibilidad de los territorios rurales: un cambio demográfico en el cual un número creciente de mujeres, especialmente las que tienen mayores niveles de instrucción y las jefas de hogar, se está mudando a vivir en las áreas urbanas, literalmente "dejando atrás a los hombres" (Chant 2009, 30; CSG República de Costa Rica y Sistema de las Naciones Unidas en Costa Rica, 2004, 35).

A pesar de que la creciente disposición de las mujeres a separarse de sus parejas es, a veces, considerada una forma de "empoderamiento", dicha tendencia tiene implicaciones contradictorias. Frente a esto, ¿qué sucede con los hombres que son dejados? ¿Y qué sucede en aquellas comunidades donde las formas comunes de expresar la masculinidad incluyen determinados comportamientos rechazados por muchas mujeres? Interpretada de esta forma, la muy publicitada "crisis de la familia" no solo es una consecuencia de que las mujeres salgan a trabajar fuera de su hogar, sino también de las escasas capacidades de los hombres y de las mujeres para desarrollar valores y prácticas de masculinidad adecuadas a esta nueva situación.

Espacios heterogéneos y posibilidades de cambio institucional

El enfoque territorial revela la expresión geográfica de las configuraciones de género. La masculinización de la población rural es un movimiento fundamental en la región. En *Población, territorio y desarrollo sostenible*, Dirk Jaspers-Faijer *et al.* (2012, 134) resumen:

> La migración rural-urbana no solo incide en el crecimiento de la población, sino también en la composición de la población en ambas zonas. En el capítulo IV ya se mostró la mayor dependencia demográfica de la población rural, lo que se debe a la selectividad etaria de la emigración del campo, que corresponde principalmente a jóvenes en edad de trabajar. La composición por sexo de la población rural también es influida por la selectividad migratoria. Como la emigración desde el campo latinoamericano ha sido selectiva de mujeres –según las cifras globales, porque hay países que presentan un patrón distinto–, no debe extrañar que los índices de masculinidad sean mayores en los ámbitos rurales de la región.

De hecho, las configuraciones socioespaciales en Nicaragua muestran que el paisaje es muy irregular en términos de género. En las áreas urbanas vive el 96,7% de las mujeres que ha completado estudios técnicos superiores o universitarios (INIDE 2005); la PEA femenina es del 41,1%; el 38,3% de los hogares tiene jefatura femenina.

En contraste, dicha PEA es del 17,1% en las áreas rurales, donde solo el 18,9% de los hogares tiene jefatura femenina. Con esta configuración espacial, Jaspers-Faijer *et al.* tienen razón: no debe extrañar que las mujeres sean una minoría en la población rural, a pesar de que constituyen la mayoría de la población nacional.

Dichas configuraciones generan preguntas sobre la sostenibilidad de aquellas sociedades rurales que no ofrecen opciones de vida suficientemente atractivas para retener a las jóvenes, particularmente a las jefas de hogar y a las mujeres con más altos niveles de instrucción. ¿Cuáles factores incitan al éxodo de las mujeres que viven en las áreas rurales? ¿Qué efectos tienen para las dinámicas territoriales rurales y para los hombres que se quedan? Para explorar las cuestiones relacionadas con la sostenibilidad, no solo a nivel de hogares sino también de territorios y naciones, retomamos varios elementos de los casos presentados en el libro.

A nivel nacional, en Nicaragua, los movimientos y actitudes orientados a crear masculinidades constructivas hacen parte de los procesos históricos que han provocado mejoras extraordinarias en las condiciones relativas de las mujeres durante la última década. El trabajo de Tomás Rodríguez, Ligia Gómez y Susan Paulson (2011) desarrollado en un territorio rural ilumina la presencia de una porción significativa de hogares en los que la pareja comparte el liderazgo y con eso las posibilidades de cambio constructivo en la institución familiar. Estas situaciones prometedoras coexisten con otras menos favorables para la sostenibilidad. Los hombres que residen en el territorio informaron mantener contacto con numerosas instituciones de apoyo a la producción y el desarrollo, mientras que las mujeres señalaron tener poco o ningún contacto con esas instituciones. A la vez, describen que los hombres reportan no tener contacto con los programas de salud, educación y bienestar familiar.[24]

Estos resultados iluminan un elemento ignorado en la mayoría de las discusiones sobre género y cambio social: la exclusión, casi total, de los hombres en los programas de salud, educación y bienestar familiar. ¿Qué tiene que ver esto con los inferiores índices de salud y educación de los niños y los hombres en relación con los de las niñas y las mujeres? Los datos nacionales y del territorio Macizo de Peñas Blancas muestran una distribución disímil de los capitales y de las oportunidades económicas a favor de los hombres, como categoría. ¿Cuáles son los impactos territoriales al excluir de las iniciativas de salud, educación y bienestar familiar a los miembros del grupo social que controla la mayoría de los capitales? ¿Cuál es la relación entre esta exclusión institucional y la persistencia de normas

---

[24]   Rodríguez, Gómez y Paulson (2011, 31 y 32) presentan los diagramas de Venn producidos con la información generada por los grupos de hombres de cuatro comunidades y con los grupos de mujeres de las mismas comunidades. Las únicas organizaciones mencionadas por ambos grupos, mujeres y hombres, son las que ofrecen crédito y la alcaldía. Los hombres describen el contacto que ellos mantienen con las instituciones que certifican el café, como es la Cooperativa Guardianes del Bosque, junto con las instituciones que impulsan la diversificación de los ingresos a través de la apicultura, el turismo, el cacao fino y la ganadería, como son: la Cooperativa Multisectorial Alfonso Núñez (COMANUR), la Unión Europea, el Fondo de Desarrollo Agropecuario (FONDEAGRO), el Programa de Naciones Unidas para el Desarrollo (PNUD) y la organización Culcumeca. Entre las instituciones que promueven la gestión de la reserva, los hombres mencionan el Centro de Entendimiento con la Naturaleza y el Ministerio de Ambiente y Recursos Naturales de Nicaragua (MARENA). En un asombroso contraste, todas esas organizaciones son invisibles en el diagrama de Venn de las mujeres, quienes señalan estar en contacto con las destinadas a paliar la pobreza, como la Red de Protección Social, el Programa Mundial de Alimentos y el Programa de Atención Integral a la Niñez Nicaragüense (PAININ). Todas estas organizaciones no fueron mencionadas por los hombres.

que limitan la coparticipación más activa de los hombres en las actividades identificadas como reproductivas?

En este patrón institucional también influyen factores que podrían sostener la dinámica productiva. Sabemos que los hogares de Peñas Blancas dirigidos por mujeres son activos en la compra de tierras y en la producción agropecuaria; también que los que participan en la producción de café aplican el manejo mejorado en mayor proporción que los otros tipos de hogar. No obstante, los patrones de contacto institucional descritos parecen funcionar como barreras que dificultan la participación de los hogares dirigidos por mujeres y de las mujeres en general. Si solo los hombres mantienen contacto con las instituciones relevantes se limita la participación en el cultivo del café certificado, una dinámica territorial con potencial para mejorar los ingresos, reducir la pobreza y promover una gestión ambiental sostenible. Los resultados invitan a investigar, desde un punto de vista de género, las estrategias a través de las cuales las empresas agroexportadoras, las cooperativas de productores de café y otras instituciones han promovido las certificaciones y otras iniciativas.

Los estudios territoriales sugieren que aquellos procesos que frenan la participación de las mujeres en los espacios de decisión y acción y que también marginan a ciertos hombres (por ejemplo, los más pobres, los jóvenes y los indígenas) que viven en el territorio funcionan para reducir el espectro de voces, conocimientos y prioridades, con lo cual se limita el potencial para lograr un desarrollo integral y sostenible.

En contextos como Ostúa-Güija, donde parte del trabajo vital en el territorio queda invisible, adaptar categorías y metodologías de investigación y acción más adecuadas puede contribuir a cambiar el escenario. En contextos como CHAH, donde el capital social y político es monopolizado por algunos hombres, impulsar procesos más transparentes y democráticos puede tener impactos notables, ya que favorecería una participación más equitativa entre hombres y mujeres, así como entre diferentes grupos de hombres.

En nuestro análisis de CHAH hemos identificado varios factores que restringen el potencial de la Ley de Desarrollo Sostenible Rural para dinamizar el territorio de una manera más inclusiva y equitativa (Paredes *et al.* 2001). Los datos sobre la participación y el liderazgo en los consejos municipales, la información sobre las iniciativas apoyadas y las entrevistas con diversos actores sobre las redes de poder sugieren que ciertas prácticas y costumbres de feminidad y de masculinidad, vigentes en el territorio, intervienen en la aplicación de las políticas nacionales para minimizar la posibilidad de que ciertos actores participen activamente. Han sido excluidas no solo las mujeres sino también determinados hombres. Los registros confirman que pocas mujeres se postulan, son elegidas o participan en dichos consejos. Asimismo, no todos los hombres acceden, sino solo aquellos que forman parte de las redes de lealtad y favores políticos.

En la legislación mexicana se mencionan el "cuidado al medio ambiente rural, la sustentabilidad de las actividades socioeconómicas en el campo y la producción de servicios ambientales para la sociedad" (Artículo 15: IX), lo cual abre la posibilidad a interpretaciones de sostenibilidad que abarcan desde la biodiversidad hasta el bienestar de la población. ¿Cuáles son las implicaciones de los procesos que limitan la participación para la sostenibilidad ecológica y social del desarrollo territorial?

El análisis sistémico de género ayuda a considerar la sostenibilidad a nivel de sistemas socioecológicos. Los proyectos financiados apoyan a los hombres en la producción de bienes y servicios económicos, sin tomar en cuenta el trabajo reproductivo necesario para sostener tal producción: la regeneración de la biodiversidad y biomasa de la zona, la salud, la alimentación y la educación de los trabajadores y las trabajadoras. En un territorio como el CHAH, donde las mujeres, la gente joven, las ancianas y los ancianos juegan roles importantes en estas dimensiones vitales para la sostenibilidad, las iniciativas de desarrollo sustentable promovidas hasta ahora por los CMDRS se quedan cortas.

En este y otros casos, el Estado, junto con las organizaciones gubernamentales y no gubernamentales, podrían facilitar más el logro de los objetivos de la legislación nacional a través del uso y la divulgación de discursos, modelos y visiones que motiven y guíen a quienes residen en el territorio para que elijan dinámicas más equilibradas y sustentables. Otra estrategia es dejar de promover estructuras e iniciativas que dividen la vida territorial entre aspectos identificados con el desarrollo y asociados a estereotipos de masculinidad, por un lado, y temas de ayuda social asociados con estereotipos de feminidad, por el otro.

Nuestro estudio destapa una serie de interrogantes sobre la sostenibilidad material y social de aquellas iniciativas de desarrollo que favorecen solo a un grupo de actores y que crean nuevas brechas de desigualdad dentro del territorio. ¿Qué sustenta a las iniciativas apoyadas por los CMDRS? ¿Qué quieren mantener los actores y coaliciones dominantes? ¿Cuán equitativo es el crecimiento económico que estas dinámicas promueven? ¿Cómo las dinámicas documentadas aquí impactan en los patrones existentes de poder, control y lealtad política, en la vitalidad y diversidad ambiental y sociocultural, y en las expectativas y normas jerárquicas de género?

Coaliciones e institucionalidad

Observamos que en varios territorios ha habido una creciente concientización de las bases y del apoyo institucional con respecto a la importancia de la reproducción sociocultural y ecológica. En el Humedal de Cerrón Grande, El Salvador, los comités ambientales se ocupan de mantener los ciclos de la naturaleza y las relaciones sociales que sustentan la gobernanza ambiental (Florian *et al.* 2011b). Estas organizaciones multiactores fueron concebidas como espacios antihegemónicos y transversales, donde todos los participantes tuviesen voz y voto. La participación en los consejos ambientales locales ofrece posibilidades de un relacionamiento hombre-hombre más equitativo y, de esta forma, fortalece la capacidad de construir masculinidades menos jerárquicas.

No es casual que un proceso de participación más horizontal, abierta e inclusiva, como este, en el que se involucran hombres más y menos poderosos, también posibilite una apertura a la dimensión de género que ahora forma parte del discurso de quienes participan en los consejos ambientales y está presente en sus planes estratégicos. Nuestra encuesta muestra que los participantes en los consejos reflexionan sobre los roles de hombres y mujeres en la sociedad. Asimismo, reconocen que el género está presente en temas relacionados con la cultura, el ambiente y la economía (Florian *et al.* 2011b, 9).

En Chiloé, Chile se ha duplicado la participación en organizaciones para apoyar ciertas tradiciones locales mediante el folclore, las artesanías y la herencia cultural. Muy notable es el entusiasmo de los hombres por participar en la conservación de las costumbres locales que antes fue promovida, principalmente, por las mujeres. Los espacios como estos, que están facilitando el surgimiento de nuevas relaciones y visiones sobre las masculinidades y el género, son claves para los futuros procesos de cambio.

Formar alianzas y coaliciones es parte de las estrategias que las personas despliegan para acceder a los activos y controlarlos con el fin de mejorar el bienestar de sus hogares, empresas y comunidades. Tales estrategias están marcadas por las normas y expectativas que rigen las transacciones, las relaciones y la convivencia; son conocidas como la institucionalidad del territorio (Rimisp 2008). Reconocer las formas en que esa institucionalidad está organizada según género e imbuida de los significados y poderes de género mejora la capacidad de potencializarla.

Si los desequilibrios causados por la rapidez de los cambios están perjudicando el bienestar de los hogares y las comunidades, preguntamos cuáles factores limitan la adaptación. ¿Por qué los miembros del hogar (re)producen esas cargas desequilibradas del trabajo reproductivo? ¿Por qué los residentes de la municipalidad excluyen a las mujeres del liderazgo y de la decisión política? ¿Por qué los investigadores y las investigadoras hablan solo con los hombres y los etiquetan automáticamente como "jefes"? Aunque es evidente que cambios en todas estas áreas ampliarían las oportunidades para contribuir al desarrollo territorial deseado, implementarlos no es tan simple.

A nivel individual, nuestra investigación sugiere que parte de la respuesta se encuentra en la necesidad que tiene cada persona de ganarse el respeto a través del cumplimiento de las expectativas culturales. En los contextos donde la dignidad femenina se basa en la administración del hogar y la crianza de los hijos y las hijas, existe una motivación para que las mujeres mantengan el control del trabajo doméstico y del cuidado. En los contextos que dificultan el acceso de los hombres a antiguos marcadores de masculinidad, negarse a participar en las actividades identificadas como femeninas parecería ser una estrategia para sentirse hombre y demostrar la masculinidad, como también lo es negar que las mujeres participen en las actividades asociadas tradicionalmente a la masculinidad. El desarrollo de nuevos marcadores y valores de masculinidad y de feminidad está abriendo el horizonte de respuestas y puede abrirlo aún más.

A nivel de las agencias y las legislaciones observamos procesos de adaptación institucional muy disímiles. Algunas siguen operando con base en supuestos y estereotipos que excluyen a los hombres de parte del trabajo necesario para sostener los hogares y las comunidades, al mismo tiempo que excluyen a las mujeres de parte de las dinámicas económicas. Otras están desarrollando nuevas categorías, metodologías y visiones para valorar y apoyar una gama más amplia de las personas, los trabajos y los recursos necesarios para sostener el territorio.

Vemos en diversos contextos que las políticas e instituciones están segmentadas por género: las de desarrollo tienden a involucrar a los hombres, mientras que las de la reducción de la pobreza y la asistencia social involucran a las mujeres. La continua marginación de las mujeres del apoyo institucional a la producción, a pesar de que han transcurrido más de dos décadas de políticas explícitamente dirigidas a "involucrar a las mujeres en el desarrollo", nos obliga a repensar tanto el problema como las estrategias implementadas para promover los cambios. Una alternativa, de aquí en adelante, es desarrollar acercamientos más sistémicos que cuestionarían la convención de marginar a las mujeres de asuntos productivos, a la vez que tomarían en cuenta las implicaciones que tienen excluir a los hombres de los programas de salud, educación y bienestar familiar.

Tendríamos que investigar, más detenidamente, las prácticas y expectativas de las instituciones y agentes externos que intentan promover dinámicas territoriales positivas. ¿Qué expectativas de género influyen en su identificación de interlocutores y colaboradores locales? ¿Cuáles son los supuestos y los mensajes de género comunicados por los líderes e integrantes institucionales, así como a través de los materiales de comunicación y capacitación? De esta manera aparecerían las oportunidades de visibilizar e incorporar, en el futuro, una mayor gama de residentes, de hogares y de actividades.

Resumiendo los aprendizajes de cinco años de investigación sobre las dinámicas territoriales, Berdegué *et al.* (2012, 99) enfatizan, en síntesis:

> La clave parece estar en que los agentes de la política pública se centren en ampliar la oportunidad política y los incentivos para que los actores sociales en los territorios interactúen y vayan construyendo sus formas de acción colectiva de la forma, con los ritmos y con los objetivos que ellos mismos valoren y sean capaces de implementar.

Aquellos procesos que promuevan la participación de las mujeres en los espacios donde se toman decisiones y también promuevan la participación más equitativa entre los diversos hombres que viven en el territorio funcionan para ampliar el espectro de voces, conocimientos y prioridades relevantes para los procesos territoriales. Sin saber cuáles serán las iniciativas que surgirán, estos procesos mejorarán la posibilidad de que sean más incluyentes, equilibradas y sostenibles.

En el contexto de los movimientos históricos y geográficos analizados, este libro ilumina las oportunidades de apoyar aquellos discursos, recursos y opciones que permitan fortalecer las capacidades de todo tipo de actores. También entrega pistas de cómo acompañar las diversas coaliciones que ellos y ellas forman para construir respuestas constructivas. Estas respuestas incluirán opciones y significados para apoyar las cambiantes feminidades y para las masculinidades en movimiento.

Siglas y acrónimos

CHAH: Cuzamá, Homún, Acanceh y Huhí

CMDRS: Consejos Municipales de Desarrollo Rural Sustentable

COMANUR: Cooperativa Multisectorial Alfonso Núñez

CORPAC: Corporación de Productores Agropecuarios

DFC: Desarrollo Forestal Campesino

DTR: Dinámicas Territoriales Rurales

ENDESA: Encuesta de Demografía y Salud

IBGE: Instituto Nacional del Censo de Brasil

IDIES: Instituto de Investigaciones Económico Sociales

FAO: Organización de las Naciones Unidas para la Agricultura y la Alimentación

FONDEAGRO: Fondo de Desarrollo Agropecuario

LDRS: Ley de Desarrollo Rural Sustentable

LGTBI: Lesbianas, Gays, Transexuales, Bisexuales e Intersexuales

MARENA: Ministerio de Ambienta y Recursos Naturales

OCDE: Organización para la Cooperación y el Desarrollo

PAININ: Programa de Atención Integral a la Niñez Nicaragüense

PEA: Población económicamente activa

PIB: Producto interno bruto

PNUD: Programa de Naciones Unidas para el Desarrollo

PROCAFEQ: Asociación de Productores de Café de Altura de Espíndola e Quilanga

PRONACA: Procesadora Nacional de Alimentos

Rimisp: Centro Latinoamericano para el Desarrollo Rural

SAGARPA: Servicio de Información Agroalimentaria y Pesquera

SERNAM: Servicio Nacional de la Mujer

SEPREM: Secretaría Presidencial de la Mujer

REFERENCIAS CITADAS

Acero Álvarez, Andrea del Pilar. 2011. *Descripción del Comportamiento del Homicidio. Colombia, 2010.* Bogotá: Instituto Nacional de Medicina Legal y Ciencias Forenses, Centro de Referencia Regional sobre Violencia-CRRV Dirección Regional Bogotá. Disponible en línea: http://es.scribd.com/doc/61889799/Forensis-2010-Homicidios

Acker, Joan. 2004. "Gender, Capitalism and Globalization". *Critical Sociology,* núm. 30: 17.

Amorín, David. 2007. *Adultez y masculinidad. La crisis después de los 40.* Montevideo: Psicolibros-Waslala.

Archenti, Nélida y María Inés Tula, eds. 2008. *Mujeres y política en América Latina. Sistemas electorales y cuotas de género.* Buenos Aires: Heliasta.

Ayala, María del Rosario. 2007. Masculinidades en el campo. Sinaloa: Universidad Autónoma Indígena de México. Disponible en línea: http://dialnet.unirioja.es/servlet/oaiart?codigo=2499846.

Banco Mundial. 2001. *Engendering Development:Through Gender Equality in Rights,Resources, and Voice.* Washington, DC: World Bank y Oxford University Press.

Bannon, Ian y María Correia. 2006. *The Other Half of Gender. Men's Issues in Development.* Washington DC: The World Bank.

Barker, Gary, Marcos Nascimento, Christine Ricardo, Marianna Olinger y Marcio Segundo. 2011.

"Masculinities, Social Exclusion and Prospects for Change, Reflections from Promundo's Work in Rio de Janeiro, Brazil". En *Men and Development: Politicizing Masculinities,* editado por Andrea Cornwall, Jerker Edstrom y Alan Greig. Londres y Nueva York: Zed Books.

Berdegué, Julio y Félix Modrego Benito, eds. 2012. *De Yucatán a Chiloé. Dinámicas territoriales en América Latina.* Buenos Aires: Teseo.

Berdegué, Julio A., Anthony Bebbington, Javier Escobal, Arilson Favareto, Ignacia Fernández, Pablo Ospina *et al.* 2012. "Territorios en Movimiento. Dinámicas Territoriales Rurales en América Latina". Santiago de Chile: Rimisp, Programa Dinámicas Territoriales Rurales, documento de trabajo 110.

Bolt Gonzáles, Alan. 2003. *Masculinidades y desarrollo rural: una nueva manera de satisfacer las necesidades humanas esenciales y defender la red de vida.* Nicaragua: GAIA. Disponible en línea: http://www.simas.org.ni/files/publicacion/Masculinidades%20y%20Desarrollo%20Rural.pdf.

Bornschlegl, Teresa. 2011. "Salmon. Gender. Chiloe. Reflections on Sustainable Development". Tesis de Maestría en Ecología Humana, Universidad de Lund, Suecia.

Brandth, Berit. 1995. "Rural Masculinity in Transition: Gender Images in Tractor Advertisements". *Journal of Rural Studies* 11, núm. 2: 123-133.

Campbell, Hugh, Michael Mayerfeld Bell y Margaret Finney, eds. 2006. *Country boys: masculinity and rural life.* University Park, Pennsylvania: The Pennsylvania State University Press.

Carrier, Joseph. 1995. *De los otros: Intimacy and Homosexuality among Mexican Men.* NYC: Columbia University Press.

Chant, Sylvia. 1997. "Women-Headed Households: Poorest of the Poor? Perspectives from Mexico, Costa Rica and the Philippines". *IDS Bulletin* 28, núm. 3: 26-48.

——. 2002. "Researching Gender, Families and Households in Latin America: from the 20th into the 21st century". *Bulletin of Latin American Research* 21, núm. 4: 545-575. DOI: 10.1111/1470-9856.00059

——. Disponible en línea: http://eprints.lse.ac.uk/575/1/Researching gender families and households(LSERO).pdf.

——. 2009. "The 'Feminisation of Poverty' in Costa Rica: To What Extent a Conundrum?" *Bulletin of Latin American Research* 28, núm. 1: 19-43.

Chioda, Laura. 2011. *Work & family: Latin American and Caribbean women in search of a new balance*. Washington, DC: The World Bank.

Chiqueno, Máximo, Juan Kutamurajay, Sarela Paz, Carlos Prado, Justino Orosco, Benancio Orosco y Carlos Vacaflores. 1995. *Queremos contarles sobre nuestro bosque: testimonios de las culturas ayoreo y yuracaré*. Quito: FAO, Bosques, Árboles y Comunidades Rurales.

Choque Salas, Ana. 1994. *Experiencias de mujeres campesinas en actividades agroforestales. Una experiencia de forestería participativa con enfoque de género*. Potosí, Bolivia: FAO, Proyecto Desarrollo Forestal Comunal en el Altiplano Boliviano.

Cleaver, Frances. 2000. "Do men Matter? New Horizons in Gender and Development". *Development Research Insights* 35: 1-2.

Clinton, Hillary Rodham. 1996. *It Takes a Village: And Other Lessons Children Teach Us*. Nueva York: Simon & Schuster.

Coldwell, Ian. 2009. "Masculinities in the Rural and the Agricultural: A Literature Review". *Sociologia Ruralis* 50, núm. 2: 171-192.

Connell, R. W. 1985. "Theorizing Gender". *Sociology* 19, núm. 2: 260-272.

——. 2000. *The Men and the Boys*. Berkeley: University of California Press.

——. 2005. *Masculinities*. 2da. edición. Cambridge: Polity Press.

Cornwall, Andrea, Jerker Edström y Alan Greig, eds. 2011. *Men and Development: Politicizing Masculinities*. Londres: Zed Books.

Costales, Alexandra. 2009. "'Para no enfermar es mejor no ir solas'. Cuerpo, salud y paisaje en la Sierra". En *Huellas de género en el mar, el parque y el páramo* editado por Susan Paulson, Susan V. Poats y María Argüello. Quito: EcoCiencia, Corporación Grupo Randi Randi y Abya Yala.

Cruz Jaimes, Guadalupe. 2010. *El trabajo doméstico limita desarrollo económico de América Latina*. Buenos Aires: CIMAC Noticinas y Unifem, Oficina Regional para México, Centroamérica, Cuba y República Dominicana. Disponible en línea: http://www.unifemweb.org.mx/documents/usotiempo2010/sintesisprensa.pdf (acceso: 11 de agosto de 2012).

CSG (Consejo Social de Gobierno República de Costa Rica) y Sistema de las Naciones Unidas en Costa Rica. 2004. *Primer Informe de Costa Rica sobre el Avance en el Cumplimiento de los Objetivos de Desarrollo del Milenio*. San José: CSG.

Cotula, Lorenzo. 2007. *Género y legislación: los derechos de la mujer en la agricultura*. Roma: FAO, Estudio Legislativo 76 Rev. 1.

Courtenay, Will H. 2006. "Rural Men's Health: Situating Risk in the Negotiation of Masculinity". En *Country Boys: Masculinity and Rural Life* editado por Hugh Campbell, Michael Mayerfeld Bell y Margaret Finney. Pennsylvania: Penn University Press.

Cox, Kevin R. 1991. "Redefining Territory". *Political Geography Quarterly* 10, núm. 1: 5-7.

Cowen, Deborah y Amy Siciliano. 2011. "Surplus Masculinities and Security". *Antipode* núm. 43: 1516-1541.

Cuvi Sánchez, María. 2006. "Alicia en el país de la biodiversidad. La investigación sobre género y ambiente en el Ecuador". En *Descorriendo velos en las Ciencias Sociales. Estudios sobre mujeres y ambiente en el Ecuador* editado por María Cuvi Sánchez, Susan V. Poats y María Calderón. Quito: EcoCiencia y Abya Yala.

——. 2012. "Algo se hace humo. La institucionalización del género en el Ecuador". Quito: inédito.

Deere, Carmen Diana. 2005. *The Feminisation of Agriculture? Economic Restructuring in Rural Latin America*. Ginebra: United Nations, Institute for Social Development Occasional Paper 1.

Díaz Andrade, Estrella. 2003a. "Globalización y multinacionales: impactos en el trabajo de las mujeres". Santiago de Chile: Hexagrama Consultoras, documento de trabajo. Disponible en línea: http://members.multimania.co.uk/apuntesdesociologia/archivos/diaz1.pdf.

——. 2003b. *Transnacionalización de la industria salmonera: aspectos socio-laborales de un proceso en curso*. Santiago de Chile: Oxfam y Hexagrama Consultoras.

Duryea, Suzanne, Sebastian Galiani y Hugo Rolando Ñopo. 2007. "The Educational Gender Gap in Latin American and the Caribbean". *RES Working Papers* núm. 4510 (Inter-American Development Bank, Washington DC).

El-Bushra, Judy. 2000. "Gender and forced migration: editorial". *Forced Migration Review* núm. 9: 5.

Elmhirst, Rebecca. 2011. "Introducing New Feminist Political Ecologies". *Geoforum* núm. 42: 129-132.

Emanuelsson, Carina. 2011. "Gender in Discourse and Practice. A Case Study of Gender Productive Systems in Ostúa-Güija Watershed, Southeast Guatemala". Tesis de Maestría en Ecología Humana, Universidad de Lund, Suecia.

Escobar, Arturo. 2008 *Territories of Difference: Place, Movements, Life, Redes (New Ecologies for the Twenty-First Century)*. North Carolina: Duke University Press.

Faludi, Susan. 2006. *Backlash: The Undeclared War Against American Women*. Nueva York: Broadway Publishers.

FAO. 1995. *A Fairer Future for Rural Women*. Roma: FAO.

Feingold, Alan y Ronald Mazzella. 1998. "Gender Differences in Body Image are Increasing". *Psychological Science*. 9 núm. 3: 190-195.

Florian, Maritza, Carina Emanuelsson con Ana Victoria Peláez Ponce y Susan Paulson. 2011a. "Género en las dinámicas territoriales en la cuenca Ostúa-Güija, suroriente de Guatemala". Santiago de Chile: Rimisp, Programa Dinámicas Territoriales Rurales, documento de trabajo 75.

Florian, Maritza con Susan Paulson, Ileana Gómez y Carina Emanuelsson. 2011b. "Género y dinámicas territoriales rurales en la ribera norte del humedal Cerrón Grande (El Salvador)". Santiago de Chile: Rimisp, Programa Dinámicas Territoriales Rurales, documento de trabajo 77.

Flores, Carmen Elisa y Elena Prada. 1996. "Informe del taller de estadística con enfoque de género", realizado en Bogotá, Colombia del 21 al 23 de noviembre de 1995 por la Oficina Regional de la FAO para América Latina y el Caribe con sede en Santiago de Chile.

Frausto Meza, María. 2011. La cadena agroalimentaria del maíz y frijol en la cuenca Ostúa-Güija: evidencia de complementariedades. *Revista Estudios Sociales* núm. 77: 35-70 (Guatemala, Instituto de Investigaciones Económicas y Sociales, IDIES).

Fox Keller, Evelyn. 1996. *Reflections on Gender and Science.* New Haven, CT: Yale University Press.

Gómez, Ligia y Helle M. Ravnborg. 2011. "Inversión lechera, una gota que no se expande. Dinámicas territoriales en la zona lechera de Santo Tomás, Chontales, Nicaragua". Santiago de Chile: Rimisp, Programa Dinámicas Territoriales Rurales, documento de trabajo 73.

Gómez, Ligia, Helle Munk Ravnborg y Edgard Castillo. 2011. "Gobernanza en el uso y acceso a los recursos naturales en la dinámica territorial del Macizo de Peñas Blancas, Nicaragua". Santiago de Chile: Rimisp, Programa Dinámicas Territoriales Rurales, documento de trabajo 82.

Grenier, Phillipe. 1984. *Chiloé et les chilotes, marginalité et dépendance en Patagonie chilienne: étude de géographie humaine.* Aix-en-Provence: EDISUD.

Gutmann, Matt. 2003. *Changing Men and Masculinities in Latin America.* Durham, North Carolina: Duke University Press.

Haesbaert, Rogerio. 2005. "Da desterritorialização à multi-territorialidade". Trabajo presentado en el X Encontro de Geógrafos da América Latina realizado en la Universidad de San Pablo, Brasil.

Harcourt, Wendy. 2012. "Editorial: No Economic Justice without Gender Justice". *Development* 55, núm. 3: 257-259.

——. 2012. *Women Reclaiming Sustainable Livelihoods: Spaces Lost, Spaces Gained.* Nueva York: Palgrave Macmillan.

Hausman, Ricardo, Laura Tyson, Yasmina Bekhouche y Saadia Zahidi. 2011. *The Global Gender Gap Report 2012.* Ginebra: World Economic Forum.

Hornborg, Alf. 2001. *The Power of the Machine: Global Inequalities of Economy, Technology, and the Environment.* Walnut Creek: Altamira Press.

Hoskyns, Catharine y Shirin M. Rai. 2007. "Recasting the Global Political Economy: Counting Women's Unpaid Work". *New Political Economy* 12, núm. 3: 297-317.

Howson, Richard. 2005. *Challenging Hegemonic Masculinity.* Londres: Routledge.

IICA. 2003. "Genero no desenvolvimento substentavel dos territorios rurais". Seminario Internacional, documento síntesis. Natal, Rio Grande do Norte, Brasil: Instituto Interamericano de Cooperação para a Agricultura.

INEC, Instituto Nicaragüense de Estadísticas y Censos. 1995. *VII Censo Nacional de Población de Nicaragua y III de Vivienda 1995.* Managua: INEC.

INIDE, Instituto Nacional de Información de Desarrollo. 2005. *VIII Censo de Población y IV de Vivienda.* Managua: INIDE.

Jacobsen, Joyce. 2002. "What about Us? Men's Issues in Development". *Wesleyan Economics Working Papers* 2002-001 (Department of Economics, Wesleyan University).

Jaspers-Faijer, Dirk, Jorge Rodríguez V., Mario Acuña, Guiomar Bay, Sebastián Carrasco, Fabiana del Popolo, Nicolás Diestre. 2012. *Población, territorio y desarrollo sostenible.* Santiago de Chile: CEPAL.

Jelin, Elizabeth. 2010. *Pan y afectos. La transformación de las familias.* Nueva edición 2010 revisada y aumentada. Buenos Aires: Fondo de Cultura Económica.

Jelin, Elizabeth. 1994. "Las familias en América Latina." En *Familias siglo XXI*, editado por Regina Rodríguez. Santiago Chile: ISIS, Ediciones de las Mujeres núm. 20: 75-106.

Kaufman, M. 1998. "Las experiencias contradictorias del poder entre los hombres". En *Masculinidades y equidad de género en América Latina*, editado por Teresa Valdés y José Olavarría. Santiago de Chile: FLACSOUNFPA.

Jensen, Robert. 2005. *The Heart of Whiteness: Confronting Race, Racism and White Privilege*. San Francisco: City Lights Publishers.

Jones, Adam. 2006. *Men of the Global South*. Londres: Zed Books.

Kimmel, Michael, Jeff Hearn y Robert W. Connell, eds. 2004. *Handbook of Studies on Men and Masculinities*. NYC: Sage Publications.

Kimmel, Michael y Michael A. Messner, eds. 2009. *Men's Lives*, 8va ed. New Jersey: Pearson.

Kulick, Don. 1998. *Sex, Gender, and Culture among Brazilian Transgendered Prostitutes*. Chicago: University of Chicago Press.

Lagarde, Marcela. 2006. *Los cautiverios de las mujeres. Madresposas, monjas, putas, presas y locas*, primera reimpresión de 4ª edición (2005). México DF: UNAM, Coordinación General de Estudios de Posgrado México. 1ra. edición en 1993.

Lamas, Marta. 1999. "Ampliar la acción ciudadana". *Fempress*, edición especial: Feminismos de fin de siglo, una herencia sin testamento. Revista on-line de Latin American Media Network.

Lancaster, Roger. 1992. *Life is Hard: Machismo, Danger, and The Intimacy of Power in Nicaragua*. Berkeley: University of California Press.

Lara Flores, Sara María, coord. 1995. *Jornaleras, temporeras y bóias frías: El rostro femenino del mercado de trabajo rural en América Latina*. Caracas, Venezuela: Instituto de Investigaciones de las Naciones Unidas para el Desarrollo Social, ONU y Nueva Sociedad.

Larson, Brooke. 2005. 'Capturing Indian Bodies, Hearths, and Minds: The Gendered Politics of Rural School Reform in Bolivia 1920s-1940s'. En *Natives Making Nation: Gender, Indigeneity, And the State in the Andes*

editado por Andrew Canessa. Tucson: University of
Arizona Press, pp. 32-59.

Lefebvre, Henri. 1991 [1974]. *The Production of Space.*
Trans. by Donald Nicholson-Smith. Cambridge, MA:
Blackwell.

Liepins, Ruth. 1998. "The Gendering of Farming and
Agricultural Politics: A Matter of Discourse and Power".
Australian Geographer 29, núm. 3: 371-388.

Lind, Amy, ed. 2010. *Development, Sexual Rights and
Global Governance: Resisting Global Powers.* Londres:
Routledge Studies in Global Political Economy.

Lopes de Souza, Marcelo. 1995. "O territorio: sobre espaço
e poder, autonomia e desenvolvimento". En *Geografia:
conceitos e temas* compilado por Iná Elias de Castro,
Paulo Cesar da Costa Gómez y Roberto Lobato Correa.
Río de Janeiro: Editora Bertrand.

Lugones, María. 2008. "Colonialidad y género: hacia un
feminismo descolonial". En *Género y descolonialidad* compilado por Walter Mignolo. Buenos Aires:
Ediciones del Signo.

Lustig, Nora, Luis F. López-Calva y Eduardo Ortiz-Juárez.
2011. *The Decline in Inequality in Latin America: How
Much, Since When and Why.* Nueva Orleans: Tulane
University, Department of Economics, Working Papers
1118.

Macé, Julie Claire, Teresa Bornschlegl y Susan Paulson. 2010.
"Dinámicas de sistemas de género en Chiloé Central, o
la cuadratura de los ciclos". Santiago de Chile: Rimisp,
Programa Dinámicas Territoriales Rurales, documento
de trabajo 63.

Maldonado, Ana María. 1991. *Mujeres y árboles de Ecuador:
dos estudios de caso.* Quito: Editora Luz de América.

Mancilla, Sergio. 2006. "Chiloé y los dilemas de su identidad
cultural ante el modelo neoliberal chileno: la visión

de los artistas e intelectuales". *Alpha. Revista de artes, letras y filosofía* núm. 23: 9-36.

Mancilla, Sergio, Claudia Maldonado y Rodrigo Rehbein Montaña. 2007. *De viajes a retornos. Una aproximación al estudio del imaginario de la vida errante en el Chiloé de la primera mitad del siglo XX.* Valdivia: Universidad Austral de Chile.

——. 2009. "Comunicación y representación en migraciones. Sobre la producción e institucionalización del imaginario de la vida errante en los procesos de transmisión cultural: El caso de Chiloé en la primera mitad del siglo XX". *Revista Faro* núm. 9: 1-9.

Mancilla Torres, Sergio. 2009. "Los territorios abandonados. Una reflexión sobre las identidades fantasmas (a propósito del despoblamiento de algunas ideas del archipiélago de Quinchao)". En *Territory and Development: Dilemas of Regional Modernity* editado por Miroslawa Czery, Arutro Vallejos Romero y James Park Key. Warsaw: Warsaw University Press, pp. 120-136.

Mannon, Susan y Eagan Kemp. 2010. "Pampered Sons, (Wo)manly Men, or Do-nothing Machos? Costa Rican Men Coming of Age under Neoliberalism". *Bulletin of Latin American Research* 29, núm. 4: 477–491.

Manzanal, Mabel, Mariana Arzeno y María Andrea Nardi. 2011. "Desarrollo, territorio y desigualdad en la globalización. Conflictos actuales en la agricultura familiar del nordeste de Misiones, Argentina". *Mundo Agrario* 12, núm. 23. Disponible en línea: http://www.scielo.org.ar/scielo.php?pid=S1515- 9942011000200004&script=sciarttext.

Martin, Patricia. 2004. "Gender as Social Institution". *Social Forces* 82, núm. 4: pp. 1249-1273.

Martínez-Alier, Joan. 1995. "Political Ecology, Distributional Conflicts, and Economic Incommensurability". *New Left Review* núm. 211: 70.

——. 2002. *The Environmentalism of the Poor. A Study of Ecological Conflicts and Valuation*. Cheltenham: Edward Elgar.

Martínez Flores, Alexandra. 2002a. *La vida cotidiana en Pindal: lecciones de un proyecto de conservación de recursos naturales en el Ecuador*. Quito: Servicio Holandés de Cooperación al Desarrollo (SNV) y Proyecto Bosque Seco.

——. 2002b. "'Para los hombres, las heridas son flores'. Cuerpo, trabajo y memoria en Pindal". En *Masculinidades en Ecuador* editado por Xavier Andrade y Gioconda Herrera. Quito: Flacso Ecuador, pp. 29-45.

Matear, Ann. 1997. "Gender and the State in Rural Chile". *Bulletin of Latin American Research* 16, núm. 1: 97-105.

Milosavljevic, Vivian. 2007. *Estadísticas para la equidad de género, magnitudes y tendencias para América Latina*. Santiago de Chile: CEPAL y UNIFEM.

Mignolo, Walter. 2008. "Introducción. ¿Cuáles son los temas de género y (des)colonialidad". En *Género y descolonialidad* compilado por Walter Mignolo. Buenos Aires: Ediciones del Signo.

Moffatta, Ken, ed. 2011. *Troubled Masculinities: Reimagining Urban Men*. Toronto, Ca.: University of Toronto Press.

Montiel Vera, Dante. 2003. *Chiloé: crónicas de un mundo insular*. Puerto Montt: Dimar Ediciones.

Moser, Caroline. 1993. *Gender Planning and Development: Theory, Practice, and Training*. Nueva York: Routledge.

Murdoch, Jonathan. 2000. "Networks - a new paradigm of rural development?" *Journal of Rural Studies* 16, núm. 4: 407-419.

Nardi, María Andrea. 2011. "Rural Development and Territorial Dynamics in the province of Misiones,

Argentina". Colección Tesis de Doctorado en Geografía 191, Universidad de Lund, Suecia.

Ñopo, Hugo, Juan Pablo Atal y Natalia Winder. 2009. *Nuevo siglo, viejas disparidades: brecha salarial por género y etnicidad en América Latina.* Washington DC: BID, documento de trabajo.

OIT. 2011. *Panorama Laboral 2011.* Lima: OIT / Oficina Regional para América Latina y el Caribe, 2011. ISBN: 978 92 2 325889 4 (versión impresa). ISBN: 978 92 2 325890 0 (versión web pdf). ISSN: 1020-4318. Disponible en Línea: DigitalCommons@ILR: http:// digitalcommons.ilr.cornell.edu/intl/100.

Olavarría, José. 2003. "Men at Home? Child Rearing and Housekeeping among Chilean Working-Class Fathers". En *Changing Men and Masculinities in Latin America* editado por Matt Gutmann. Carolina del Norte, EU: Duke University Press.

Ospina, Pablo, Diego Andrade, Sinda Castro, Manuel Chiriboga, PatricHollenstein, Carlos Larrea *et al.* 2011. "Dinámicas económicas territoriales en Loja, Ecuador: ¿crecimiento sustentable o pasajero?". Santiago de Chile: Rimisp, Programa Dinámicas Territoriales Rurales, documento de trabajo 76.

Ospina, Pablo, Diego Andrade, Sinda Castro, Manuel Chiriboga, Patric Hollenstein, Carlos Larrea *et al.* 2012. "Café y maíz en Loja, Ecuador. ¿Un crecimiento susten-table o pasajero?". En *De Yucatán a Chiloé. Dinámicas territoriales en América Latina* editado por Julio A. Berdegué y Félix Modrego Benito. Buenos Aires: Teseo.

Paredes, Leticia, Rafael Vaisman, Jimena Méndez y Susan Paulson. 2011. "Género y participación: los consejos de desarrollo rural sustentable. CHAH Yucatán". Santiago de Chile: Rimisp, Programa Dinámicas Territoriales Rurales, documento de trabajo 81.

Parker, Richard. 1999. *Beneath the Equator: Cultures of Desire, Male Homosexuality and Emerging Gay Communities in Brazil.* Nueva York: Routledge.

Paulson, Susan. 1992. "Género y etnicidad en movimiento: Identidad e Integración en los hogares andinos". Tesis para obtener el título de Ph.D. del Departamento de Antropología de la Universidad de Chicago, EE.UU.

——. 1998. *Desigualdad social y degradación ambiental en América Latina.* Quito: FAO, Programa Bosques, Árboles y Comunidades Rurales y Abya Yala.

Paulson, Susan y Lisa Gezon. 2005. *Political Ecology across Spaces, Scales, and Social Groups.* New Brunswick, NJ: Rutgers University Press.

Paulson, Susan, Susan V. Poats y María Argüello, eds. 2009. *Huellas de género en el mar, el parque y el páramo.* Quito: EcoCiencia, Corporación Grupo Randi Randi y Abya Yala.

Paulson, Susan. 2010. "'Headless Families' and 'Detoured men': Off the Straight Path of Modern Development in Bolivia." En *Development, Sexual Rights and Global Governance: Resisting Global Powers* editado por Amy Lind. Londres: Routledge Studies in Global Political Economy, pp. 113-128.

Paulson, Susan y Equipo Lund. 2011. "Pautas conceptuales y metodológicas. Género y dinámicas territoriales". Santiago de Chile: Rimisp, Programa Dinámicas Territoriales Rurales, documento de trabajo 84.

Pautassi, Laura. 2007. *El cuidado como cuestión social desde un enfoque de derechos.* Santiago de Chile: CEPAL, Serie Mujer y desarrollo núm. 87.

Pease, Bob y Keith Pringle. 2002. *A Man's World? Changing Men's Practices in a Globalized World.* Londres: Editors Zed.

Peet, Richard y Michael Watts. 1993. "Introduction: Development Theory and Environment in an Age of Market Triumphalism". En *Liberation Ecologies: Environment, Development, Social Movements* editado por Richard Peet y Michael Watts. Worcester, MA: Clark University Press.

Peláez Ponce, Ana Victoria. 2011. "¿Dónde empieza el círculo? Una mirada de género a las dinámicas territoriales rurales de la cuenca Ostúa-Güija". *Revista Estudios Sociales* núm. 77: pp. 71-117 (Guatemala, Instituto de Investigaciones Económicas y Sociales, IDIES).

Peláez Ponce, Ana Victoria, Patric Hollenstein y Susan Paulson. 2011. "Género y dinámicas territoriales rurales", ponencia presentada en SEPIA XVI, Lima, Perú.

Peter, Gregory, Michael Mayerfeld Bell, Susan Jarnagin y Donna Bauer. 2000. "Coming Back across the Fence: Masculinity and the Transition to Sustainable Agriculture". *Rural Sociology* 65, núm. 2: 215-233.

Perrons, Diane. 2004. *Globalisation and Social Change: People and Places in a Divided World*. Londres: Routledge.

Pinto, Francisco. 2007. *Salmonicultura chilena: entre el éxito comercial y la insustentabilidad (RPP 23)*. Santiago de Chile: Terram.

——. Disponible en línea: http://www.observatorio.cl/observatorio/globalizacion/Documentos/storiesrpp23 exito comercial insustentabilidad(2).pdf.

Portillo Seminario, Bruno, Lorena Rodríguez, Patrick Hollenstein, Susan Paulson y Pablo Ospina. 2011. "Género, ambiente y dinámicas territoriales rurales en Loja". Santiago de Chile: Rimisp, Programa Dinámicas Territoriales Rurales, documento de trabajo 85.

Portillo Seminario, Bruno. 2011. "Gendered Political Ecology of Coffee and Maize Agro-Ecosystems in the Southern Ecuadorian Andes". Tesis de Maestría en Ecología Humana, Universidad de Lund. LUP-Student

Papers. Disponible en línea: http://lup.lub.lu.se/luur/, (acceso: 18 de julio de 2012).

Porto-Gonçalves, Carlos Walter. 2003. "A geograficidade do social: uma contribução para o debate metodológico sobre estudos de conflicto e movimientos sociais na América Latina". En *Movimientos sociales y conflicto en América Latina* compilado por José Seoane. Buenos Aires: CLACSO.

Pringle, Keith, Jeff Hearn, Elisabetta Ruspini y Bob Pease, eds. 2011. *Men and Masculinities Around the World: Transforming Men's Practices (Global Masculinities)*. NYC: Palgrave Macmillan.

Presser, Harriet, 1998. "Decapitating the U.S. Census Bureau's 'Head of Household': Feminist Mobilization in the 1970s." *Feminist Economics* 4, núm. 3 (otoño).

Programa de las Naciones Unidas para el Desarrollo, Guatemala. 2007. *Informe estadístico de la violencia en Guatemala*. Guatemala: Programa de Seguridad Ciudadana y Prevención de la Violencia del PNUD Guatemala.

Pyne, Hnin Hnin, Mariam Claeson y María Correia. 2002. *Gender Dimensions of Alcohol Consumption and Alcohol-Related Problems in Latin America and the Caribbean*. Washington, DC: TheWorld Bank, World Bank Discussion Paper núm. 433. Disponible en línea: http://books.google.lu/books?id=hDeumsbaoygC&printsec=frontcover&hl=de&source=gbs_ge_summary_r&cad=0#v=onepage&q&f=false.

Raffestin, Claude. 1993. *Por uma geografia do poder*. San Pablo: Ática. La primera edición apareció en francés, en 1980.

Ramírez, Eduardo, Félix Modrego, Rodrigo Yáñez y Julie Claire Macé. 2010. "Dinámicas territoriales de Chiloé. Del crecimiento económico al desarrollo sostenible".

Santiago de Chile: Rimisp, Programa Dinámicas
Territoriales Rurales, documento de trabajo 86.

Ramírez, Eduardo. 2011. "Women's Participation in the
Labor Force and Gender Systems in the Salmon
Industry in Chile". Santiago de Chile. Inédito.

Ramírez, Eduardo, Félix Modrego, Rodrigo Yáñez y Julie
Claire Macé. 2012. "La industria acuícola del salmón
en Chiloé, Chile: del crecimiento económico al desarrollo sostenible". En *De Yucatán a Chiloé. Dinámicas
territoriales en América Latina* editado por Julio A.
Berdegué y Félix Modrego. Buenos Aires: Teseo.

Ranaboldo, Claudia y Yolanda Solana. 2008. "Desigualdad
de género en la participación política de las mujeres en
América Latina y el Caribe". Santiago de Chile: Rimisp,
Programa Dinámicas Territoriales Rurales, documento
de trabajo 23.

Rimisp. 2008. "Applied Research on Rural Territorial
Dynamics in Latin America. A methodological framework". Version 2. Santiago de Chile: Rimisp,
Programa Dinámicas Territoriales Rurales, documento
de trabajo 2.

Rocheleau, Dianne E., Barbara P. Thomas-Slayter y Esther
Wangari, 1996. *Feminist Political Ecology: Global Issues
and Local Experiences.* Londres: Routledge.

Rodríguez, Teresa, Diana Montané y Lisa Pulitzer. 2007.
*Las hijas de Juárez. Un auténtico relato de asesinatos
en serie al sur de la frontera.* Nueva York: Atria Books
(edición en español).

Rodríguez, Saraswati. 2009. "'A veces las mujeres también
entramos al mar'. La pesca de camarón en Machalilla".
En *Huellas de género en el mar, el parque y el páramo*
editado por Susan Paulson, Susan V. Poats y María
Argüello. Quito: EcoCiencia, Corporación Grupo Randi
Randi y Abya Yala.

Rodríguez, Tomás, Ligia Gómez y Susan Paulson. 2011. "Género y dinámicas territoriales en Nicaragua". Santiago de Chile: Rimisp, Programa Dinámicas Territoriales Rurales, documento de trabajo 88.

Romero Alvarado,Wilson, Ana Victoria Peláez y María Frausto. 2011. "La dinámica territorial en la cuenca Ostúa-Güija (Guatemala)". Santiago de Chile: Rimisp, Programa Dinámicas Territoriales Rurales, documento de trabajo 98.

Rothenberg, Paula S. 2004. *White Privilege: Essential Readings on the Other Side of Racism*. Boston y Nueva York: Worth Publishers.

Rubin, Deborah, Cristina Manfre, and Kara Nichols Barrett. 2009. *Promoting Gender Equitable Opportunities in Agricultural Value Chains: A Handbook*. Publication prepared under the Greater Access To Trade Expansion (GATE) project under the Women in Development IQC Contract No. GEW-I-00-02-00018-00, Task Order No. 02.Washington, DC: United States Agency for International Development.

Schejtman, Alexander y Julio A. Berdegué. 2007. "Desarrollo territorial rural". En *Movimientos sociales y desarrollo territorial rural en América Latina* editado por José Bengoa. Santiago de Chile: Rimisp.

Secretaría Presidencial de la Mujer, SEPREM. 2009a. Ficha Técnica: Situación Económica, Política y Social de las Mujeres 2009, Jalapa. Disponible en línea: http://www.seprem.gob.gt/administrador/files/FICHA%20DE%20JALAPA.pdf.

Secretaría Presidencial de la Mujer, SEPREM. 2009b. Ficha Técnica: Situación Económica, Política y Social de las Mujeres 2009-Jutiapa.

——. Disponible en línea: http://www.seprem.gob.gt/administrador/files/FICHA%20DE%20JUTIAPA.pdf.

Sefchovich, Sara. 2011. *¿Son Mejores Las Mujeres?* México: Paidós.

Selwyn, Benjamin. 2010. "Gender Wage Work and Development in North East Brazil". *Bulletin of Latin American Research* 29, núm. 1: 51-70.

Sen, Gita. 2012. "Surviving the Fierce New World". *Development* 55, 3: 266-268.

Shiva, Vandana. 1989. *Staying Alive: Women, Ecology, and Development.* Londres: Zed Books.

——. 1991. *The Violence of the Green Revolution: Third World Agriculture, Ecology and Politics. Penang: Third World Networky.* Londres: Zed Books.

Stiglitz, E. Joseph. 2002. *Globalization and Its Discontents.* NYC: W. W. Norton & Company.

Svampa, Maristella. 2008. "Argentina: una cartografía de las resistencias (2003-2008). Entre las luchas por la inclusión y las discusiones sobre el modelo de desarrollo". *Revista OSAL* núm. 9: 17-49 (CLACSO, Buenos Aires).

Urbina Burgos, Rodolfo. 1996. *Castro, Castreños y Chilotes: 1960-1990.* Valparaíso: Ediciones Universitarias de Valparaíso.

United Nations. 2010. *The World's Women 2010 Trends and Statistics.* Nueva York: United Nation.

Uribe Velásquez, Mario. 2003. *Crónicas de Chiloé*, 2da. ed. Castro: Ediciones Aumen.

Valdez, Ximena.1988. "Feminización del mercado de trabajo agrícola, las temporeras". En *Mundo de mujer, continuidad y cambio.* Santiago de Chile: Ediciones CEM.

Venegas, Carlos, Carolina Schweikart y Alejandro Paredes. 2007. *Desarrollo territorial rural a partir de servicios y productos con identidad cultural. Chiloé: una reserva de Patrimonio Cultural.* Santiago de Chile: Rimisp.

Vrana, Heather. 2008. "An 'Other' Woman?: Juchitec Muxes". *Michigan Feminist Studies* 21: 1-23 (otoño).

Yúnez Naude, Antonio, Leticia Paredes, Jimena Méndez, Ivett Estrada, Alejandra España, Valeria Serrano y Javier Becerril. 2011. "La dinámica de un territorio en Yucatán". Santiago de Chile: Rimisp, Programa Dinámicas Territoriales Rurales, documento de trabajo 71.

Waring, Marilyn. 2012. "Feminists Transforming Economic Power". *Development* 55, núm. 3: 269-272.

Whatmore, Sarah y Lorraine Thorne. 1997. "Nourishing Networks: Alternative Geographies of Food". En *Globalising Food: Agrarian Questions and Global Restructuring* editado por David Goodman y Michael Watts. Londres: Routledge.

Welsh, Patrick. 2010. *Community Development: A Gendered Activism? The Masculinities Question.* Oxford University Press and Community Development Journal, acceso a un avance publicado el 19 de mayo 2010, pp. 1-10.

Wright, Timothy. 2000. "Gay Organizations, NGOs, and the Globalization of Sexual Identity: The Case of Bolivia". *Journal of Latin American Anthropology* núm. 5: 289-111.